PIERRE VEBER ET HENRY DE GORSSE

CHICHI

COMÉDIE-VAUDEVILLE EN TROIS ACTES

PARIS
LIBRAIRIE THÉATRALE
3, RUE DE MARIVAUX, 3

—

1928

CHICHI

Comédie-Vaudeville en trois actes

Représentée au Théâtre de l'Athénée, le 25 janvier 1917

PIERRE VEBER ET HENRY DE GORSSE

CHICHI

COMÉDIE-VAUDEVILLE EN TROIS ACTES

PARIS

LIBRAIRIE THÉATRALE

3, RUE DE MARIVAUX, 3

1928

PERSONNAGES

SAINT-MARTIN .... MM. Lucien Rozenberg.
COQUEREL .... Cazalis.
FULCRAN .... Baron fils.
LECHOPPIER .... Cousin.
LE COMMISSAIRE .... Ramy.
LE GÉRANT .... Leriche.
LE CAPITAINE DES POMPIERS ...... Marguery.
LE CLERC DE NOTAIRE .... Montbrun.
LE PERCEPTEUR .... Richoux.
UN HOMME D'ÉQUIPE .... Demer.
LE CHASSEUR .... Reyval.

CHICHI .... Mmes Armande Cassive.
LUCIENNE .... Paulette Lorsy.
MADAME BARDINET .... Germaine Ett.
MISS WATSON .... Alice Abl.
MADAME ANGLOCHERE .... Louise Dauville.
LA CAISSIÈRE .... Germaine Béry.
MARIA .... Carton.
LÉOCADIE .... Boucheron.
LA RECEVEUSE DES POSTES .... J. de Beaumont.
LA DIRECTRICE D'ECOLE .... Delannay.
MADAME TRUCHE .... River.

Le 1ᵉʳ acte à Dieppe, à l'Hôtel du Grand-Pélican.

Le 2ᵉ acte à Choisy, chez les Saint-Martin.

Le 3ᵉ acte à Choisy, à l'Hôtel de la Gare.

———

Pour la mise en scène détaillée et la plantation exacte des décors, s'adresser au Théâtre de l'Athénée.

ACTE PREMIER

Le décor représente le hall de l'hôtel du Grand Pélican à Dieppe. Large baie au fond donnant sur la plage.

A droite et à gauche de cette baie, amorces d'escaliers conduisant à l'étage supérieur.

A droite, premier plan, une porte donnant dans le salon de lecture.

A gauche, premier plan, la caisse et le bureau de l'hôtel.

SCÈNE PREMIÈRE

LE CHASSEUR, LA CAISSIÈRE, puis LE GÉRANT.

(Au lever du rideau, la caissière est à son bureau, en train d'écrire. Le chasseur de l'Hôtel entre, venant du dehors).

LE CHASSEUR

V'là les illustrés de la semaine !... *Le Tutu ! Le Frou-Frou ! Le Trou-trou !...* Oh ! ce que c'est rigolo !... C'est plein de petites femmes nues !...

LA CAISSIÈRE

Mais voulez-vous bien ne pas regarder !... Ce n'est pas pour votre âge !...

LE CHASSEUR

Penses-tu, miniature !...

(Le gérant, descendant du premier étage, apparaît sur l'escalier de gauche).

LE GÉRANT, *à la caissière.*

Mademoiselle Julie, le cinq a demandé un thé! C'est cinq francs !...

LA CAISSIÈRE

Cinq francs ! Pour de l'eau chaude ! Il va réclamer !

LE GÉRANT

Tant pis ! Nous sommes en pleine saison, ne l'oubliez pas !... Donc, tout est doublé !... Je ne veux pas que l'on dise que l'hôtel du Grand Pélican, à Dieppe, a baissé ses prix. Dieppe vaut Dauville... Nous sommes à la mer... Salez-moi ces Parisiens !

LE CHASSEUR

Pour sûr ! On refuse du monde !

LE GÉRANT

Pas de quartier ! C'est ma devise ! (*apercevant Mme Martin et Mme Bardinet qui descendent l'escalier de droite venant du premier étage*). Ah ! voici Mme Bardinet et sa fille, Mme Saint-Martin.

SCÈNE II

LES MÊMES, LUCIENNE, Mme BARDINET.

MADAME BARDINET

Monsieur le Gérant ?

LE GÉRANT, *s'avançant.*

Ces dames désirent ?

MADAME BARDINET

Un renseignement... Quand le train de Paris arrive-t-il ?

LE GÉRANT

Il devrait arriver à 3 heures 40, madame, mais il a pris l'habitude d'arriver après quatre heures.

LUCIENNE

Alors, maman, nous avons tout le temps d'aller
à la gare chercher mon mari.

LE GÉRANT

Oh ! Vous avez une bonne heure !

MADAME BARDINET

C'est égal, je trouve que mon gendre agit bien sin-
gulièrement !... Il nous laisse à Dieppe, et il part
pour Paris !...

LUCIENNE

Il le fallait bien !... Son oncle Fulcran le récla-
mait !...

MADAME BARDINET

Ah ! oui ! l'oncle à héritage !... Un vieux pas-
sionné... qui a la manie d'aimer !... (*Au gérant.*)
C'est la quatorzième fois, Monsieur, qu'il se laisse
enjôler par une gueuse.

LE GÉRANT

Quel beau tempérament !

MADAME BARDINET

Chaque fois, mon gendre est obligé de le repêcher.
Et ça coûte, chaque fois, cinquante mille francs !

LUCIENNE

Maman je t'en prie !

MADAME BARDINET

Quoi ?... Ce que je raconte, c'est à la louange de ton mari !... (*Au gérant.*) Quand il a su que l'oncle Fulcran était encore accroché, il n'a pas hésité ! Il est parti pour Paris !

LUCIENNE

Et pourtant, il était en congé !...

MADAME BARDINET

Oui !... Mon gendre est chef de bureau au Ministère des Bonnes Mœurs. Il n'a aucun avenir, d'ailleurs ! Ça ne m'empêche pas de l'aimer ! Mais il n'a aucun avenir, dans les Mœurs !

LUCIENNE, *agacée.*

Oh ! maman !

LE GÉRANT

Excusez-moi, Mesdames, si je vous rappelle l'heure !... Mais si le train était par hasard exact!...

LUCIENNE, *gagnant le fond.*

C'est juste !... Partons !... (*S'arrêtant brusquement.*) Ah ! j'ai oublié mon sac !...

LE GÉRANT, *empressé.*

Ne vous dérangez pas, Madame, je vais m'en occuper.

(*Il s'éloigne vivement par l'escalier de droite.*)

SCÈNE III

Mme SAINT-MARTIN, Mme BARDINET,
et, à la fin le GÉRANT.

MADAME BARDINET, *s'asseyant.*

Charmant homme !... Il me rappelle feu ton père...
en mieux !

LUCIENNE, *vivement.*

Ne t'emballe pas, maman !... Nous ne devons pas
rester longtemps ici !...

MADAME BARDINET

C'est vrai !... Ton mari vient d'acheter une propriété à Choisy, près de l'asile de Villejuif, où l'on
hospitalise les fous !... Encore une idée à lui !

LUCIENNE

Tu te trompes, maman ! C'est moi qui ai voulu
çà ! Pour toi, surtout, qui as besoin de grand air !...

MADAME BARDINET

Oh ! moi, je ne demande rien... pourvu que je vive
auprès de ma fille... et de son mari !... Car je l'aime
beaucoup, mon gendre... Je l'aime comme un fils !

LUCIENNE

Tu te forces, maman, tu te forces !

MADAME BARDINET

Je me force... parce que je ne veux pas être une

belle-mère !... Je le détestais, mais je suis arrivée
à l'aimer, à force de volonté !...

LUCIENNE

Il est très gentil avec toi !

MADAME BARDINET

Très gentil, le chameau !... Il ne cherche qu'à me
faire plaisir, la rosse !... Aussi, tu vois, je l'adore !

LUCIENNE, *souriant.*

On ne le dirait guère !...
(*Le gérant reparaît, avec le réticule.*)

LE GÉRANT, *à Lucienne.*

Voici le sac, Madame.

LUCIENNE

Merci. (*Allant vers la sortie.*) Tu viens, maman ?

MADAME BARDINET, *la suivant.*

Oui... Allons attendre mon gendre !... Je me ré-
jouis à l'idée de l'embrasser !
(*Elles sortent par la porte du fond.*)

LE GÉRANT

Elles arriveront en retard !

LA CAISSIÈRE

C'est probable !
(*Au même instant, apparaît Miss Watson, descendant l'escalier de gauche.*)

SCÈNE IV

LE GÉRANT, MISS WATSON, LA CAISSIÈRE

MISS WATSON, *allant au gérant. et avec un accent anglais prononcé.*

Monsieur le directeur ?

LE GÉRANT, *s'empressant.*

Vous désirez, Madame ?

MISS WATSON

Non, pas Madame... Mademoiselle ! Je suis Mademoiselle !... J'ai horreur de l'homme !...

LE GÉRANT

Pourquoi ?

MISS WATSON

Je suis suffragette !... Miss Watson, suffragette, envoyée par le Comité de Londres, pour fonder en France une section de féminisme actif !... Je ne suis que de passage à Dieppe.

LE GÉRANT

Nous le regrettons.

MISS WATSON

Non, vous ne le regrettez pas !... Vous êtes un sale homme.

LE GÉRANT, *vexé.*

Mademoiselle !

MISS WATSON

Mais vous êtes un sale homme courtois, puisque vous m'avez donné une chambre pour une journée!... Tantôt, je repartirai pour Paris, la ville de perdition !

LE GÉRANT

Vous ne craignez pas de vous y perdre ?

MISS WATSON

Non ! J'ai des parents, là-bas ! De pauvres Babyloniens, que je ramènerai au bien... et qui me logeront.

LE GÉRANT, *à part.*

Ils vont rigoler ! (*Haut.*) Je leur souhaite du plaisir !

MISS WATSON

Non ! Personne n'a de plaisir, quand je suis là ! Mais, excusez-moi ! Je vais aller semer le bon grain sur le sable. Je vais parler aux fils de Bélial !... Je leur dirai : « Vous êtes les enfants de la Bête ! »... Je rendrai les femmes enragées !... Où est la plage ?

LE GÉRANT

Par ici, mademoiselle !... (*Elle s'éloigne. Il revient à la caissière.*) Qu'est-ce que c'est que ce numéro là?

LA CAISSIÈRE

Une maboule, probablement !... Faut la surveiller!

LE GÉRANT

Il n'y a pas de famille Bélial dans l'hôtel. Alors,
laissons là !...

*(A ce moment, on entend les grelots d'une voiture
qui s'arrête.)*

SCÈNE V

*LES MÊMES, moins MISS WATSON,
plus DES VOYAGEURS, DES VOYAGEUSES,
DES GARÇONS et DES FEMMES DE CHAMBRE.*

LE GÉRANT

Ah ! voici l'omnibus ! Il y a des voyageurs ! *(Tout
en sonnant.)* Jean ? Auguste ?...

LA CAISSIÈRE

Pour une fois, le train est arrivé à l'heure ! C'est
un miracle !

LE GÉRANT

Un miracle ! *(Garçons et femme de chambre accou-
rent.)* Allons, vite, Auguste, vite, Rose, empressons-
nous !

LE GARÇON ET LA FEMME DE CHAMBRE, *courant.*

Voilà, patron !

*(Ils se précipitent devant des voyageurs qui entrent
et parlent tous à la fois.)*

LE GÉRANT, *aux voyageurs.*

Par ici, Messieurs, Mesdames... (*A la caissière.*)
Mademoiselle, donnez-moi le livre d'entrée...

UNE VOYAGEUSE, *accompagnée d'une amie.*

Nous voudrions avoir une chambre sur la mer.

LE GÉRANT

Mais oui, certainement !... (*Tout en consultant son
livre.*) Nous avons le 5 sur la mer, le 6 presque sur
la mer, le 15 au-dessus de la mer... le 9, on sent la
mer ! Qui dois-je inscrire ?

1re VOYAGEUSE

Madame Duval !

IIe VOYAGEUSE

Madame Boisseau !

LE GÉRANT, *à l'un des garçons.*

Conduisez ces dames au 44 !... (*A un autre voyageur accompagné d'une dame.*) Et Monsieur ?

LE VOYAGEUR

M. et Mme Majorel...

LA VOYAGEUSE, *se tenant contre son mari.*

Oui, Monsieur, depuis hier !...

LE GÉRANT

Compliments, Madame... (*A la femme de chambre.*)
Rosa, conduisez M. et Mme Majorel au 37 !

LE VOYAGEUR

On voit la mer ?

LE GÉRANT

On la devine !...

ROSA, *à M. et Mmᵉ Majorel.*

Par ici, Monsieur et Madame !

*(Les voyageurs sortent par les escaliers de droite
et de gauche. Le gérant les inscrit et pose le
livre sur le bureau. Fulcran, vieux monsieur
ébaubi apparaît, et reste aussitôt en extase devant la caissière.)*

SCÈNE VI

LE GÉRANT, FULCRAN, SAINT-MARTIN, LA CAISSIÈRE.

LE GÉRANT, *allant à Fulcran.*

Et vous, Monsieur, que vous faut-il ?

SAINT-MARTIN, *se précipitant du dehors.*

Il ne lui faut rien !... Il ne lui faut rien !...

LE GÉRANT, *le reconnaissant.*

Ah ! Monsieur Saint-Martin !... Eh bien ? Ça a
réussi ?... Vous l'avez décollé ?

SAINT-MARTIN

Quoi ?... Vous savez déjà ?...

LE GÉRANT

Vous voyez !...
(*Il s'éloigne en riant et rentre dans son bureau.*)

SAINT-MARTIN, *à Fulcran.*

Mon oncle Fulcran, vous êtes déjà célèbre ici !

FULCRAN, *d'une voix navrée.*

Ça m'est égal !... Tout m'est égal !...

SAINT-MARTIN

Vous n'avez pas honte de cette réputation de ga-
lantin qui vous précède maintenant partout ?

FULCRAN

Non ! Mon cœur est en lambeaux !

SAINT-MARTIN, *le toisant avec mépris.*

Et voilà ce que les femmes ont fait d'un pauvre
veuf ! Allons, mon oncle, maintenant que vous voilà
devant la grande verte, tâchez de vous reprendre !
Vous avez du ressort, que diable !

FULCRAN

J'ai surtout un intense besoin d'aimer !...

SAINT-MARTIN, *furieux.*

Déjà !... Ah ! non, ça ne va pas recommencer !
Je viens de vous séparer d'une femme qui vous gru-
geait !

FULCRAN

C'était une sainte !

SAINT-MARTIN

Une sainte-nitouche !... Je suis arrivé à temps pour
vous tirer de ses griffes !... (*Fier de lui.*) Hein, ça
a été vite fait ?...

FULCRAN

Oui... Vous lui avez parlé en secret, et ç'a été
fini ! Elle m'aimait !...

SAINT-MARTIN

Pour votre argent !... Je lui ai offert dix mille
francs, et elle vous a quitté !...

FULCRAN

Pauvre Josépha ! Comme elle a dû souffrir !

SAINT-MARTIN

Mais non ! Elle est ravie !... Et vous aussi !... Vous
verrez... quinze jours de Dieppe... le temps d'ache-
ver mon congé... puis, deux mois dans la belle propriété que je viens d'acheter à Choisy-le-Roi, et vous
serez tout à fait retapé !

FULCRAN

Je vous obéis, mon neveu.

SAINT-MARTIN

C'est pour votre bien, ce que j'en fais !

FULCRAN

Oh ! mon bien !...

SAINT-MARTIN, *appelant.*

Chasseur ?

FULCRAN, *tout en lorgnant la caissière qui écoute sans
en avoir l'air.*

Il me reste quatre cent mille francs !

SAINT-MARTIN, *revenant vivement.*

Ne criez pas çà sur les toits, sapristi ! (*Au chasseur.*) Où sont nos bagages ?

LE CHASSEUR

Par ici, Monsieur !

SAINT-MARTIN, *remontant.*

Parfait ! J'ai apporté une tente-abri et deux cana-
pés flâneurs... j'espère que c'est arrivé en bon état !

(*Il sort avec le chasseur.*)

FULGRAN, *lorgnant de plus en plus la caissière.*

Cette caissière est bien jolie !

LA CAISSIÈRE, *à part.*

Ce vieux monsieur a une façon de me regarder !

FULCRAN, *allant à elle et s'accoudant vers la caisse.*

Mademoiselle, excusez-moi !... Je voudrais me pencher sur votre âme ! Dites-moi votre triste histoire !

LA CAISSIÈRE

Si vous voulez !... Mon père était tourneur !... Ma mère a mal tourné... Je suis restée orpheline... avec une tante !... Je travaille pour la nourrir !... Mais je suis restée sage !...

FULCRAN, *s'enflammant.*

Je m'en doutais !... Vous êtes une sainte ! Vous avez les yeux et le corsage d'une sainte ! Et si je ne vous déplais pas !...

(*Il continue à voix basse.*)

SAINT-MARTIN, *rentrant.*

Là !... J'ai retrouvé mes bagages !... (*Cherchant son oncle.*) Mon oncle Fulcran? Mon oncle Fulcran? (*L'apercevant.*) Qu'est-ce que vous faites encore ?

FULCRAN

Je cause avec Mademoiselle la Caissière !

SAINT-MARTIN

Vous causez ! (*L'éloignant de force de la caisse.*) Je vous avais pourtant défendu...

FULCRAN

C'est une sainte !... Elle soutient sa tante !... Elle me plaît ! Je la veux !

SAINT-MARTIN, *furieux.*

Ah ! non, mon oncle Fulcran ! J'en ai assez !

FULCRAN

Mon neveu, je t'assure que...

SAINT-MARTIN

Non !... Vous n'allez pas me créer encore des complications ! Je sors d'en prendre ! (*À la caissière.*) Et si mademoiselle la caissière n'était pas de mon avis, je la ferais flanquer à la porte ! C'est compris ?

LA CAISSIÈRE

C'est compris !

SAINT-MARTIN

Bien ! (*La caissière quitte la caisse et rentre dans le bureau. Revenant à son oncle.*) Allons, mon oncle, grimpez tout de suite jusqu'à votre chambre ! Vous pourrez envoyer des baisers à votre armoire à glace !

FULCRAN

J'obéis ! Mais, tu sais, Léon... (*trébuchant contre la marche de l'escalier*) je passe à côté du bonheur.

SAINT-MARTIN

Ça va bien... On passe toujours à côté de quelque chose !... (*Fulcran disparaît par l'escalier de droite.*) Quel vieux crampon !

(*Reparaissent, venant du dehors, Mme Saint-Martin et Mme Bardinet.*)

SCÈNE VII

*SAINT-MARTIN, Mme SAINT-MARTIN,
Mme BARDINET.*

MADAME BARDINET, *apercevant Saint-Martin.*
Ah ! mon gendre !

SAINT-MARTIN, *allant à elle.*
Ma chère mère !... Ma petite femme !

MADAME BARDINET, *revêche.*
Comment se fait-il que vous arriviez en avance ?

LUCIENNE
Nous t'avons manqué à la gare !

SAINT-MARTIN
C'est une fantaisie du train !

MADAME BARDINET
Naturellement !

LUCIENNE
Eh bien, tu ramènes l'oncle Fulcran ?

SAINT-MARTIN
Dans quel état ! Je l'ai libéré pour la quatorzième
fois ! Ça lui coûte encore dix mille francs !...

MADAME BARDINET

Dix mille francs ! C'est pour rien !...

LUCIENNE

Enfin, espérons qu'il va se tenir tranquille !

SAINT-MARTIN

Ah ! ouiche !... Je l'ai laissé seul cinq minutes ici, et je l'ai retrouvé en train de faire la cour à la caissière !

MADAME BARDINET

Ah ! il n'y a pas, les hommes de cette génération avaient un rude tempérament !...

LUCIENNE

Ne t'emballe pas !

SAINT-MARTIN

Voyons, chère Madame Bardinet, vous m'aimez bien, n'est-ce pas?

MADAME BARDINET, *serrant les dents.*

Je fais tout ce que je peux pour ça !

SAINT-MARTIN

Alors, pourquoi, puisqu'il vous plaît, n'épousez-vous pas l'oncle Fulcran? Il a demandé votre main !

MADAME BARDINET, *vivement.*

Merci ! Je ne me promène pas dans les ruines !

SAINT-MARTIN

Bien ! Bien ! Je n'insiste pas !

LUCIENNE

Et, à part ça, ton voyage ?

MADAME BARDINET

Avez-vous été sage, au moins, à Paris?

LUCIENNE

Oh ! maman !

SAINT-MARTIN, *riant.*

Mais très sage !... J'adore ma petite femme ! Elle a la clef de mon cœur... et des accessoires.

LUCIENNE, *câline.*

Bien vrai?

SAINT-MARTIN, *avec élan.*

Lucienne !

(*Ils s'embrassent*).

MADAME BARDINET

Oh ! du reste, je vous préviens, mon gendre. Je vous aime bien, mais si vous trompiez ma fille, je laisserais libre cours à mes instincts, que je réfrène.

SAINT-MARTIN, *riant.*

Réfrénez, ma chère belle-mère ! Réfrénez !... Je vous répète que j'adore ma femme et que je lui suis fidèle !

MADAME BARDINET

Vous le jurez?

SAINT-MARTIN

Sur ce que j'ai de plus sacré !... Voyons, qu'est-ce que j'ai de plus sacré? Ah ! Votre tête !...

(Il met la main au-dessus de la tête de Mme Bardinet).

MADAME BARDINET, *reculant vivement.*

Eh ! là !... Qu'est-ce que je vous ai fait?...

SAINT-MARTIN, *à part.*

Pour ce que je risque !...

(Le gérant reparaît, descendant du premier étage, par l'escalier de gauche).

LE GÉRANT, *à la caissière.*

Ah ! Mademoiselle Julie ?... Le 9 change de chambre ! Il prend le 11 !...

LA CAISSIÈRE, *consultant le livre des voyageurs.*

Le 9 ?...

LE GÉRANT

Oui, le 9 !... Monsieur Léchoppier !

SAINT-MARTIN, *entendant.*

Léchoppier ?... *(allant au gérant).* Pardon, monsieur, serait-ce M. Léchoppier, de Paris... du Ministère des Bonnes Mœurs ?

LE GÉRANT

Parfaitement, Monsieur !... Il est arrivé ce matin!... *(à la caissière).* Vous faites le changement ?

LA CAISSIÈRE

Entendu !...

(Elle déplace la fiche... Le gérant rentre dans son bureau).

SAINT-MARTIN, *revenant vers les dames.*

Ça, c'est épatant, par exemple !.... Léchoppier qui est dans nos murs !

MADAME BARDINET

Je connais ce nom-là !

SAINT-MARTIN

C'est mon chef de division au Ministère ! Un homme terrible ! Et qui nous fait tous tourner en bourriques !

MADAME BARDINET

Tiens, tiens!... Voilà un gaillard qui me devient sympathique.

SAINT-MARTIN, *à part.*

Charmante nature !

LUCIENNE

Tu nous présenteras?

SAINT-MARTIN

Certainement !... D'autant plus que mon avancement dépend de lui! Ah! mais, par exemple, il s'agit de se surveiller... De l'austérité, Mesdames, de l'austérité !... Pas de laisser-aller !... Pas d'abandon !... Vous ne m'embrasserez pas devant lui !...

MADAME BARDINET

Comme si c'était dans mes habitudes !

SAINT-MARTIN, *à sa femme.*

Toi non plus !

LUCIENNE, *gentiment.*

En attendant, on peut ?...

SAINT-MARTIN

Avec joie !

(*Il l'embrasse.*)

MADAME BARDINET, *à part.*

C'est curieux !... Ça ne me fait aucun plaisir !
(*A ce moment, reparaît, par l'escalier de droite,
l'oncle Fulcran, en petit complet balnéaire.*)

SCÈNE VIII

LES MÊMES, FULCRAN, puis à la fin LE GÉRANT.

FULCRAN, *tout frétillant.*

Ah ! mon ami, quelle joie !

SAINT-MARTIN, *inquiet.*

Qu'est-ce qu'il y a, mon oncle ? (*A Lucienne.*) Dix
sous qu'il a encore fait une sottise !

FULCRAN

Je viens de causer avec la femme de chambre de
mon étage.

LES AUTRES

Ça y est !

FULCRAN

Une petite blonde, très agréable !... Avec des yeux
bleus ! (*Montrant sa canne.*) Une taille comme çà !
C'est une jeune femme délicieuse !... Fille d'un tré-
sorier-payeur général... Elle n'est pas faite pour ce
métier-là !...

SAINT-MARTIN

Ça y est ! (*A Lucienne.*) Tu me dois dix sous !

FULCRAN

Il faut absolument la sortir de ce milieu !...

LES AUTRES

Oui, oui, oui !...

FULCRAN

C'est une sainte, mon neveu, une sainte ! (*à Mme
dinet.*) Je vous assure que c'est une sainte !

LES AUTRES

Oui, oui, oui !...
  (*Fulcran gagne le fond.*)

SAINT-MARTIN, *vivement.*

Où allez-vous ?

FULCRAN

Je vais prendre l'air de la plage !... On se retrouve
pour le thé, hein ?... A tout à l'heure !
  (*Il s'éloigne, de plus en plus frétillant.*)

LUCIENNE

Qu'est-ce qu'il va encore faire ?

SAINT-MARTIN

Des bêtises, parbleu !

LUCIENNE

Tu as raison !
(*Elle sort vivement à la suite de Fulcran.*)

MADAME BARDINET, *à Saint-Martin*

Et vous vouliez me coller avec ce vieux débris ?

SAINT-MARTIN

Allez avec lui ! Et ne le lâchez pas !

MADAME BARDINET, *furieuse.*

Me voilà bonne d'enfant, de vieil enfant !... Elles vont être jolies, mes vacances !

SAINT-MARTIN

Et les miennes donc ! Allons, à tout à l'heure, belle-mère ! (*Mme Bardinet disparaît.*) Ouf ! (*Au gérant qui a reparu.*) Mes bagages sont-ils montés ?

LE GÉRANT

Oui, monsieur Saint-Martin.

SAINT-MARTIN

Bon ! Je vais faire un bout de toilette. (*Gagnant l'escalier de droite.*) Ah ! les oncles à héritage, quelle plaie !
(*Il disparaît. Bruit de voix au dehors. Apparais-*

sent, se disputant, Coquerel et Chichi. Chichi est en robe rouge, tapageuse; Coquerel en tenue de peintre, un peu débraillée, son chevalet de peintre sous le bras.)

SCÈNE IX

COQUEREL, CHICHI, LE GÉRANT.

CHICHI, *entrant.*
Dis que tu ne l'as pas regardée !

COQUEREL
Non, je ne l'ai pas regardée !

CHICHI
Sale bête ! Menteur !...

COQUEREL
Oh ! à la gare !... A la gare !...
(Il gagne le milieu de la scène, suivi par Chichi.)

CHICHI
Tu sais, Coquerel, ça finira mal !

COQUEREL
Tu m'embêtes, Je te répète que tu es toquée !

CHICHI, *au gérant.*
Monsieur le gérant, je vous fais juge !

LE GÉRANT, *ennuyé.*

Madame, excusez-moi !

CHICHI

Non ! Non !... Vous allez voir !... Je me promenais avec Monsieur sur la grève... Nous rencontrons une pêcheuse de moules, qui avait les jambes nues... Il s'est mis à regarder ses jambes !

COQUEREL

Je suis peintre... Je regarde les motifs.

CHICHI

Et quels motifs !... Elle était nue jusque-là, Monsieur !... Et ce sagouin était dans un état !

COQUEREL

Chichi, je t'assure que mon œil de peintre, seul...

CHICHI

Ton œil de peintre !... Ouiche !... Ton œil de voyeur !

LE GÉRANT

Oh ! Madame !

COQUEREL

Elle est folle ! C'est sa crise !

CHICHI

Ose dire que ça ne t'a pas excité ?

COQUEREL

Tu m'embêtes, avec ta jalousie !

CHICHI

Moi, jalouse ?... Tu serais trop content... Je ne veux pas être ridicule, voilà tout !

COQUEREL

Ecoute, Chichi ?

CHICHI

Quand je me suis mise avec toi, je t'ai averti... Je ne supporterai jamais qu'on ne soye pas distingué à mon endroit !

COQUEREL

Et à ton envers aussi, j'espère ?

CHICHI

Tu oublies à qui tu parles, mon petit !... (*Fièrement.*) La princesse Monsouzoff !...

COQUEREL

Danseuse aux Folies Bergère, de ton vrai nom Sophie Cruchard, dite Chichi !... Et tu n'as pas volé ton surnom !

CHICHI

Ah ! Ça t'embête parce que j'ai des yeux !... Parce que j'ai vu que tu regardais les cuisses de la pêcheuse de crevettes ?

COQUEREL

Quoi ? J'ai besoin d'un modèle, je te le répète !...

CHICHI

Pas un modèle de vertu, en tout cas ! Cette fille à matelots avait une façon de t'allumer !

LE GÉRANT, *s'interposant.*

Oh ! voyons, Princesse !

COQUEREL, *gouailleur.*

Oui, voyons, Princesse !

CHICHI, *se montant.*

Ah ! puis, tu sais, je te défends de m'acheter !
J'ai les nerfs en pelote ! Ça finirait mal !

COQUEREL, *agacé.*

Chichi, je t'en prie !

CHICHI

Sale moineau ! Rapin de bazar !

COQUEREL

Veux-tu te taire !

CHICHI

Je me tairai, si je veux ! Et puis toi, tu sais ?

COQUEREL, *excédé.*

Quoi ! Qu'est-ce que tu feras ? Tu iras te plaindre
à ta cuisinière de mère ? Ou à ta tante, la loueuse
de chaises de Saint-Sulpice ?

CHICHI

Tourteau, va !

COQUEREL, *lui saisissant le bras.*

Chichi, je te défends !

CHICHI, *se dégageant.*

Et il me brutalise ! Ah ! prends garde !

(Elle s'empare d'une potiche pour la lui envoyer
à la tête. La potiche tombe et se met en
miettes.)

LE GÉRANT, *bondissant.*

Madame ! Qu'est-ce que vous faites ? Vous avez
dépareillé ces vases !

CHICHI

Tiens ! V'là la paire refaite !

(Elle casse un autre vase.)

COQUEREL

Ça va ! Ça va !

LE GÉRANT

Oh ! (*A Coquerel.*) Voilà une dame qui doit vous
donner bien de l'agrément !

CHICHI

Qu'est-ce qu'il dit, cet empoisonneur ?

LE GÉRANT, *se sauvant.*

Rien, rien, Madame !... Excusez-moi ! On m'appelle ! (*A part.*) Une femme comme ça ! J'aimerais
mieux le bagne !

(Il entre dans le cabinet de lecture.)

SCÈNE X

CHICHI, COQUEREL.

CHICHI, *hors d'elle.*

Il a bien fait de se trotter ! Je l'aurais bouffé !

COQUEREL, *narquois.*

Tu as entendu ce qu'il disait ?

CHICHI

Non !

COQUEREL

Il a dit : « Une femme comme ça ! J'aimerais mieux le bagne ! »

CHICHI

Ah ! Et tu as écouté ça tranquillement, toi !

COQUEREL

Comme on écoute la vérité ! Je ne peux pourtant pas envoyer des témoins à l'aubergiste ! D'autant qu'il a raison, cet homme !

CHICHI

Ah ! Vraiment ?

COQUEREL

Tu es insupportable ! Toujours en tempête ! Toujours sur le feu ! Tu as un caractère de chien ! Tu en veux à tout le monde !... A celui-ci parce qu'il te regarde, à celui-là parce qu'il ne te regarde pas, à cette autre, parce que je la regarde... Enfin, ce n'est pas une vie que de subir sans cesse des scènes pareilles !

CHICHI

Très bien ! Puisqu'il en est ainsi, je te plaque !

COQUEREL, *s'asseyant.*

Pas de fausse joie !

CHICHI

Tu ne le crois pas ?

COQUEREL

C'est la 1251e fois que tu m'annonces ça, depuis deux ans que nous sommes ensemble !

CHICHI

Eh bien, mon petit, cette fois, c'est pour de bon !

COQUEREL

Tu blagues !

CHICHI

Tu vas voir si je blague !

(*Elle commence à monter l'escalier de gauche.*)

COQUEREL

Cause toujours, va ! Dans cinq minutes, tu auras changé d'avis !

CHICHI

Ah ! c'est tout l'effet que ça te fait ?

COQUEREL

Ça me réjouit, mais je n'ose pas m'abandonner à l'espérance !

CHICHI

Tu es content ? (*Revenant.*) Eh ! bien, non, mon petit, je ne te plaque plus !

COQUEREL

Je l'avais dit !

CHICHI

Ce serait par trop commode de se débarrasser d'une femme, après l'avoir poussée à bout ! Je reste !
  (*Elle s'assied.*)

COQUEREL

Ah oui ? (*Se levant.*) Eh bien, c'est moi qui te plaque !

CHICHI

Tu dis ?

COQUEREL

Je dis que j'en ai assez, que je n'en peux plus, que je m'évade !

CHICHI

Ne crâne pas, va !... Y a personne pour t'admirer !

COQUEREL, furieux.

Tais-toi, ou je fais un malheur !...

CHICHI

Ne cherche pas !... Y a plus rien à casser !

COQUEREL

Il n'y a plus que toi !... (*Remontant.*) Je vais faire
un tour sur la plage !... Je reviendrai quand je serai
calmé !... Et je te défends de me suivre !...

(*Il sort.*)

CHICHI, *lui envoyant des baisers.*

A tout à l'heure!... Amour ! Chérubin! Objet d'art!
(*A ce moment, M. Léchoppier, personnage grave,
serviette sous le bras, apparaît, descendant l'escalier, et aperçoit Chichi qui s'est retournée,
et, penchée sur une table, envoie des baisers
à Coquerel.*)

SCÈNE XI

CHICHI, LECHOPPIER.

LECHOPPIER

Oh ! la jolie femme !
(*Il s'approche sournoisement d'elle et lui pince...
le bas du dos.*)

CHICHI, *se retournant, furieuse.*

Oh ! Goujat !
(*Elle le gifle.*)

LECHOPPIER, *se tenant la joue.*

Sacrebleu, quelle bâfre !
(*Il pose sa serviette.*)

CHICHI

Et si vous en voulez une autre, vous n'avez qu'à recommencer !...

LECHOPPIER, *vivement.*

Non, non, merci !... ça suffit !... (*Souriant.*) Madame, vous m'avez giflé ! Je suis très content !

CHICHI, *ahurie.*

Ça, par exemple !

LECHOPPIER

Ne me prenez pas pour ce que je ne suis pas, Madame, et laissez-moi me présenter !... Eusèbe Léchoppier, Inspecteur, chef de division au Ministère des Bonnes Mœurs !...

CHICHI

Des Bonnes Mœurs ? Et vous pincez les fesses des dames !

LECHOPPIER

Aux fins d'une enquête officielle ! Je suis chargé par mon ministre de faire une enquête sur les femmes légères de France, pour la statistique...

CHICHI, *ne comprenant pas.*

Pour se tâter quoi ?...

LECHOPPIER

La statistique !... Vous comprenez ?

CHICHI

Non.

LECHOPPIER

Chaque fois que je vois une femme jeune et jolie,
je l'éprouve !

CHICHI

En lui pinçant le...

LECHOPPIER

Parfaitement !... (*Tirant un carnet de sa poche.*) Si
elle ne dit rien, je n'insiste pas, mais je la marque
dans la catégorie des femmes légères !... Et si elle
me gifle, je n'insiste pas non plus, mais je la marque
dans la catégorie des femmes vertueuses, ou
presque !...

CHICHI

Dites donc, votre métier ne doit pas être une siné-
cure ?

LECHOPPIER

Ah ! Dieu non !... Mais j'ai une âme d'apôtre !

CHICHI

Vous ne devez pas vous embêter !

LECHOPPIER, *sévère.*

Si ! Je m'embête !... Et j'embête les autres !...
Parce que, Madame, sachez-le, je suis comme Rodin !
Je suis vierge !

CHICHI

Et martyre !...

LECHOPPIER

Et c'est ce qui fait ma force !

CHICHI, *riant.*

C'est égal... à votre âge !

LECHOPPIER

J'ai fait ma carrière dans l'austérité !...

CHICHI

N'importe !... Ce soir, quand mon mari verra, sur mon corps d'albâtre, un bleu qu'il n'a pas fait, que lui répondrai-je ?

LECHOPPIER

Vous lui répondrez que je me tiens à sa disposition ! Et s'il me questionne, je lui déclarerai : « Monsieur... Pardon ! Quel est le nom de votre heureux époux ? »

CHICHI

Coquerel !

LECHOPPIER

Coquerel ?

CHICHI

Le peintre bien méconnu !

LECHOPPIER, *inscrivant sur son carnet.*

Ah ! Parfaitement !... Je lui déclarerai donc : « Monsieur Coquerel, vous avez le bonheur de posséder une des rares femmes vertueuses, dont le Ministère des Bonnes-Mœurs garantit l'authenticité ! »

CHICHI, *riant.*

Vaut mieux pas lui raconter ça, car il vous démo-
lirait le portrait ! Il est très jaloux !

LECHOPPIER

Madame, comme il vous plaira !... Je vous réitère
mes excuses pour... (*il fait un geste comme pour pincer
de nouveau Chichi qui recule vivement*) et je vous
prie d'agréer l'expression de mon profond respect !

CHICHI

Du tout, Monsieur Léchepied !

LECHOPPIER

Pardon, Léchoppier ! Avec deux p !...

CHICHI

J'avais bien dit ! Monsieur Léchepied ! L'honneur
est pour moi ! (*Elle lui fait sa plus gracieuse révé-
rence. Léchoppier s'éloigne. Elle redescend en riant,
et gagne l'escalier de gauche.*) Quel vieux phénomène !...

 (*Elle disparaît. Saint-Martin reparaît par l'escalier de droite*).

SCÈNE XII

SAINT-MARTIN, LA CAISSIÈRE.

SAINT-MARTIN, *reparaissant.*

Voilà, je me sens mieux !... La vie est belle ! Je

suis frais et rose !... (*s'adressant à la caissière, qui est revenue à son bureau*). Vous n'avez pas vu ma femme, Mademoiselle ?

LA CAISSIÈRE

Non, Monsieur. Ces dames doivent être sur la digue !

SAINT-MARTIN, *gaîment.*

La digue digue digue ! La digue diguedon !

LA CAISSIÈRE

Vous êtes gai !

SAINT-MARTIN

L'air de la mer !

LA CAISSIÈRE, *montrant son registre.*

Vous permettez? Il faut que je mette à jour le livre de caisse.

SAINT-MARTIN

Mettez, mademoiselle, mettez ! (*Elle rentre dans le bureau.*) Enfin, je vais donc pouvoir jouir de mes vacances !

(*Il va pour sortir, mais, au même instant, revenant de la plage, paraît Coquerel*).

SCÈNE XIII

SAINT-MARTIN, COQUEREL.

COQUEREL, *entrant.*

Là ! ça va mieux !

SAINT-MARTIN, *le reconnaissant.*

Tiens, ce vieux Coquerel !

COQUEREL

Saint-Martin !

SAINT-MARTIN, *lui tapant affectueusement sur l'épaule.*

Mon vieux copain du Quartier Latin !... Eh ! bien mon petit, il y a plutôt longtemps qu'on ne t'a vu !

COQUEREL

Que veux-tu, j'ai eu tant de tracas ! Le métier de peintre est dur, depuis qu'on n'achète plus de peinture !

SAINT-MARTIN

Tu plaisantes ! Ton papa t'a laissé des rentes !

COQUEREL

Heureusement ! Mais j'ai dû lutter !

SAINT-MARTIN

Ta ! ta ! Tu ne m'as pas donné signe de vie !... Il y a autre chose !

COQUEREL

Oui !... Il y a autre chose !

SAINT-MARTIN

Des histoires de femmes, je parie !

COQUEREL

Oui !... Des histoires d'une femme !

SAINT-MARTIN

Tu es bouclé, hein ?

COQUEREL

Et comment !

SAINT-MARTIN

Qu'est-ce que c'est que cette femme ?

COQUEREL

Tu dois la connaître ! Elle est sur tous les murs de Paris... La Princesse Monsouzoff !

SAINT-MARTIN

La danseuse russe ?

COQUEREL

Elle même !... Tu l'as vue ?

SAINT-MARTIN

Je ne l'ai jamais vue !... Mais c'est une femme célèbre !

COQUEREL

C'est une femme épouvantable ! Un caractère de chien et de chien enragé ! Avec elle je vis dans la tourmente !

SAINT-MARTIN

C'est bien fait !

COQUEREL

Des scènes perpétuelles ! Tiens ! (*montrant les débris d'une potiche.*) Voici le résultat de notre dernière conversation !

SAINT-MARTIN

En effet !... Elle l'a plutôt laissée tomber, la conversation !... Elle ne respecte pas le vieux Delit !

COQUEREL

Elle ne respecte même pas sa tranquillité ! Nuits sans sommeil ! Jours sans calme ! Elle ne me permet pas de travailler ! Je te l'avoue, mon génie fout le camp.

SAINT-MARTIN

C'est très grave !...

COQUEREL

Très embêtant surtout !...

SAINT-MARTIN, *avec décision.*

Mon garçon, il n'y a pas à tergiverser !... Il faut lâcher cette demoiselle...

COQUEREL

Avec ça que c'est commode ! J'ai essayé bien des fois !... Pas moyen !

SAINT-MARTIN

Parce que tu es mou, un faible, une chiffe !...

COQUEREL

C'est vrai ! Je suis tout ça !

SAINT-MARTIN

Tu n'as pas la manière ! Moi, j'ai la manière !

COQUEREL

Toi ?

SAINT-MARTIN

Parfaitement ! Grâce à mon bon oncle Fulcran, je
suis devenu le briseur de chaînes le plus exercé !

COQUEREL

Le briseur de chaînes ?

Ah ! ça ne traîne pas, va ! Veux-tu rompre ?

COQUEREL, hésitant.

Oui...

SAINT-MARTIN

Il ne faut pas dire oui mollement. Dis : Oui !...

COQUEREL, avec décision.

Oui !

SAINT-MARTIN

Bien !... Alors, voyons !... Il y a plusieurs façons
de rompre. L'important est de trouver la bonne...
Quelle est la nature de cette dame, son tempérament ?

COQUEREL

C'est une impulsive... (montrant les débris des po-
tiches) toute de premier mouvement ! Une soupe au
lait, quoi !

SAINT-MARTIN

Je vois ça ! Elle est de ces femmes dont on n'obtient
rien, si on ne les met pas brusquement devant le fait
accompli !...

COQUEREL

C'est ça !

SAINT-MARTIN

Eh bien, j'ai ce qu'il faut !... Méthode numéro quatre !

COQUEREL

Quoi ?

SAINT-MARTIN

Nous allons employer la méthode numéro quatre. Il faut la prendre comme un beignet !

COQUEREL, *ne comprenant pas.*

Comme un beignet !

SAINT-MARTIN

Oui ! Dans la pâte bouillante !

COQUEREL

Tu m'ahuris !

SAINT-MARTIN

Ça ne fait rien ! Je vais te dicter une de ces lettres de rupture qui ne ratent jamais ! Ça m'a déjà servi, il y a deux ans, à Brighton, pour liquider une aventure avec une petite femme !

COQUEREL, *étonné.*

Comment, toi, Saint-Martin, le mari modèle, tu as trompé ta femme ?

SAINT-MARTIN, *vivement.*

Mais qui te dit que c'est moi ?... Je ne te parle pas de moi !...

COQUEREL

A la bonne heure !

SAINT-MARTIN

Allons, écris !...

COQUEREL

Tu crois ?

SAINT-MARTIN

Écris !

(*Coquerel s'assied, mais se relève aussitôt.*)

COQUEREL, *flancheur.*

Non, je t'assure, Saint-Martin, je n'ai pas le courage. (*Avec émotion.*) J'ai eu de si bons moments avec elle !

SAINT-MARTIN, *vivement.*

N'y pense pas ! Ne pense pas à ça !

COQUEREL

Et puis, on sait ce qu'on laisse ! On ne sait pas ce qu'on prend ! Je t'assure, je...

SAINT-MARTIN, *se fâchant.*

A la fin, veux-tu rompre, oui ou non ?

COQUEREL

Non !... (*Se reprenant.*) Si... si ! !...

SAINT-MARTIN

Alors, écris ! (*Coquerel s'assied sans conviction. Saint-Martin allume une cigarette.*) Attends, j'allume !...

COQUEREL, *écrivant.*

« Attends, j'allume !... »

SAINT-MARTIN, *vivement.*

Mais non, voyons... (*Il souffle l'allumette.*) Comment l'appelles-tu, dans l'intimité ?

COQUEREL

Mon petit lapin rose en sucre.

SAINT-MARTIN

C'est idiot ! De plus, lapin dans les circonstances actuelles serait d'une ironie déplacée. Mets : « Madame ! »

COQUEREL

C'est glacial !

SAINT-MARTIN, *agacé.*

Eh ! bien, mets... mets ce que tu voudras !...

COQUEREL

Ma chérie ?...

SAINT-MARTIN

Soit !

COQUEREL, *écrivant.*

« Ma chérie... (*à mi-voix*) adorée !... »

SAINT-MARTIN, *dictant.*

« Je reçois une dépêche de mon cousin Gédéon... qui est au plus mal !... »

COQUEREL, *vivement.*

Mais je n'ai pas de cousin Gédéon !

SAINT-MARTIN

N'importe! Je t'en donne un... Ecris! (*Dictant*) « au plus mal !... Je suis forcé de te quitter, la mort dans l'âme !... Garde un bon souvenir de moi !... Tu auras été la seule femme de ma vie !... »

COQUEREL, *pleurant.*

Pauvre petite ! Elle a un sale caractère ! Mais c'est une bonne fille !...

SAINT-MARTIN

Pas d'attendrissement, hein, ou nous sommes fichus !... (*Dictant*) « de ma vie !... Adieu pour toujours !... »

COQUEREL, *jetant la plume.*

Non, je ne peux pas ! je ne peux pas !

(*Il fond en larmes*).

SAINT-MARTIN

Veux-tu !... Qu'est-ce qui m'a fichu un Coquerel pareil ? Reprends la plume tout de suite ou je me fâche !

(*Coquerel trempe le porte-plume dans l'encrier, par le mauvais bout.*)

COQUEREL, *écrivant en sanglotant.*

« Adieu pour toujours ! »

SAINT-MARTIN

« Ton désolé Coquerel ». Signe ! Allons, signe !

COQUEREL, *signant*.

Voilà !... « Ton désolé Coquerel !... »

SAINT-MARTIN

Parfait ! Donne !

COQUEREL

Quoi ?...

SAINT-MARTIN, *vivement*.

Ta lettre... Je la ferai remettre, quand tu seras
parti.

COQUEREL, *très ému*.

Pauvre petite !...

(*Il donne la lettre à Saint-Martin qui la met sous
enveloppe.*)

SAINT-MARTIN

Quel est le numéro de ta chambre ?

COQUEREL

29.

SAINT-MARTIN

29 ! Bien ! Et maintenant, file !

COQUEREL

Pour où ?

SAINT-MARTIN

Pour la gare ! (*Regardant sa montre.*) Il y a un
train dans dix minutes... Tu as juste le temps de le
prendre !...

COQUEREL

Mais, mes bagages ? Il faut que j'aille préparer
mes bagages !

SAINT-MARTIN

Non, non !... C'est trop dangereux !... Deux paires
de chaussettes, deux caleçons, une liquette !... Et, au
lieu de faire sa valise, on fait l'amour ! Je t'enverrai
tes bagages en consigne, à Paris !

COQUEREL

Oui... Mais il y a ma note ! Il faut que je règle
ma note !

SAINT-MARTIN, *vivement.*

T'occupe pas de ça non plus ! Je la réglerai pour
toi.

COQUEREL

Oh ! il n'y a qu'un jour et une nuit !...

SAINT-MARTIN

Je m'en charge, je m'en charge ! Dis-moi : merci !

COQUEREL, *sanglotant.*

Merci !...

SAINT-MARTIN, *le poussant vers la porte.*

Allons, va !...

COQUEREL, *soupirant.*

Mon cœur est brisé, Saint-Martin !

SAINT-MARTIN

Oui ! ça fait le second aujourd'hui !... (*Le poussant.*) Allons, adieu, et bon voyage !...

COQUEREL, *résistant.*

Tu lui diras que c'est toi qui as voulu, n'est-ce
pas ?

SAINT-MARTIN

Oui ! Oui !

COQUEREL

Tu lui diras...

SAINT-MARTIN

Oui, oui, n'aie pas peur, je ferai bien les choses.
(*Le poussant.*) Mais fiche donc le camp, animal !... (*Il
le pousse dehors, redescend et tire sa montre.*) Six
minutes ! J'ai fait ça, en six minutes... Décidément,
je suis en progrès !... Ah !... la lettre !... Je la ferai
remettre plus tard... quand le train sera parti !...
C'est plus prudent !

> (*Saint-Martin fourre la lettre dans sa poche. Au
> même moment, Chichi redescend l'escalier,
> avec une autre robe.*)

SCÈNE XIV

SAINT-MARTIN, CHICHI, *puis* LE CHASSEUR.

CHICHI

Me voilà frusquée pour la musique !

SAINT-MARTIN, *se retournant.*

Chichi !...

CHICHI, *le reconnaissant.*

Saint-Martin ! Ah ! Elle est bonne ! Comme on se retrouve ! Ça va bien, depuis Brighton ?

SAINT-MARTIN, *affolé, et regardant de tous côtés.*

Attention, malheureuse !

CHICHI, *étonnée.*

Quoi ? Qu'est-ce qui te prend ?

SAINT-MARTIN

Je ne suis pas seul ici ! Je suis avec ma femme et ma belle-mère ! Si on nous voyait ensemble !

CHICHI

Eh bien, quoi ? Tu as bien le droit de parler à une dame dans un salon d'hôtel ?... Tu diras que j'ai demandé un renseignement !... Oh la la ! Tu es bien toujours le même empoté !

SAINT-MARTIN, *se rassurant.*

Après tout, tu as raison ! Alors, c'est toi, Chichi ? (*Il lui tend la main.*) Ça va ?

CHICHI, *vivement.*

Oh ! un instant ! Pas de familiarité !

SAINT-MARTIN

Pourquoi ?

CHICHI

Tu as oublié ce qui s'est passé, à Brighton !

SAINT-MARTIN

Pas du tout, ma petite Chichi ! Pendant quinze jours, on s'est...

CHICHI

On s'est aimé ! Tu peux le dire !...

SAINT-MARTIN

Oui ! Et c'est même la seule fois que j'ai trompé ma femme ! Tiens, je racontais justement ça à un ami, tout à l'heure ! (*Vivement.*) Oh ! Mais, au fait, tu permets ?... Un instant ?

CHICHI

Fais donc !

(*Elle va s'asseoir et feuillette un journal illustré.*)

SAINT-MARTIN, *appelant.*

Chasseur ?

LE CHASSEUR, *s'avançant.*

Monsieur désire ?

SAINT-MARTIN, *le prenant à part.*

Tiens, voici cent sous ! Tâche de bien comprendre ce que je vais t'expliquer ! Tu vas aller dans la chambre de M. Coquerel, et si la dame n'est pas là, tu prendras tous les vêtements d'homme qui s'y trouvent, tu les fourreras dans une valise et tu les apporteras dans ma chambre ! Tu as compris ?

LE CHASSEUR

Oh ! très bien ! C'est une farce que m'sieur veut
faire ?

SAINT-MARTIN

Justement ! Allons, va !

(*Le chasseur s'éloigne vivement par l'escalier de
gauche.*)

SCÈNE XV

SAINT-MARTIN, CHICHI.

SAINT-MARTIN, *revenant à Chichi.*

Voilà !... Je te disais donc que j'étais avec un ami
et que...

CHICHI, *fermant le journal.*

Et lui as-tu raconté la façon dont tu m'as plaquée,
à ton ami ? Car tu m'as plaquée salement !

SAINT-MARTIN

Oh ! tu sais, depuis cinq mille ans qu'il y a des
hommes et des femmes, ils n'ont pas encore trouvé
le moyen de se plaquer autrement !

CHICHI

Oui ! Mais, toi, tu as raffiné !... Te rappelles-tu ta
lettre ?

SAINT-MARTIN

Si je me la rappelle !

(*Il regarde sa poche, où est celle de Coquerel.*)

CHICHI

« Ma chérie, je reçois une lettre de mon cousin Gédéon qui est au plus mal ! » Fripouille ! Tu avais un cousin Gédéon ?

SAINT-MARTIN

Non ! C'est ce qu'il y avait de plus drôle !
(*Il rit malgré lui.*)

CHICHI, *vivement.*

Pourquoi ris-tu ?

SAINT-MARTIN

Pour rien !... Pour rien !... Alors, tu m'en veux toujours ?

CHICHI

Non ! C'est même très drôle ! En voyant ta bonne petite gueulette, je n'ai plus de rancune !... Je ne pense plus qu'aux deux bonnes semaines d'entente cordiale passées en Angleterre !

SAINT-MARTIN

Made in England !

CHICHI

Tu te rappelles, quand on nous a photographiés ?

SAINT-MARTIN

Oui. Sans que je m'en doute !

CHICHI

Ah ! Ce tableau ! Moi à califourchon sur tes épaules ! Et toi, un chalumeau de paille dans le nez!

SAINT-MARTIN

Quelle folie ! J'étais assez furieux !

CHICHI, *se tordant.*

Et l'histoire de ta tante Watson, qui nous a surpris dans le salon de l'hôtel, pendant que je t'embrassais, et à qui tu as été obligé de me présenter comme ta femme, comme ta vraie femme !... Tu te rappelles ?

SAINT-MARTIN

Ah ! Je te crois que je me rappelle !... Miss Watson écrit tout le temps chez moi !... Alors, moi, je suis obligé d'intercepter toutes ses lettres ! Quel métier !

CHICHI

Mais, dis donc ?... Et si elle vient jamais en France, notre tante ?

SAINT-MARTIN

Y aura de l'erreur ! D'autant plus que j'appartiens maintenant au Ministère des Bonnes Mœurs !

CHICHI, *riant.*

Toi ? Non, c'est tordant !

SAINT-MARTIN

J'attends même de l'avancement !

CHICHI

Compliments !

SAINT-MARTIN

Tiens, mon chef est même ici !... Je dois le présenter tout à l'heure à ma femme, qu'il ne connaît pas encore ! Ah ! c'est un homme qui ne badine pas, M. Léchoppier !

CHICHI, *vivement.*

Léchoppier ? Comment que t'as dit ? Léchoppier avec deux pieds, deux p ? Oh ! mais alors, je le connais ! Sous prétexte de se tâter... de se tâter...

SAINT-MARTIN

De statistique ?

CHICHI

Oui, c'est ça... de se tâter le tic, il m'a tout à l'heure pincé le derrière ! Et je lui ai flanqué une de ces gifles ! Ah ! mon empereur !

SAINT-MARTIN, *riant.*

Ça, c'est drôle ! Sacrée Chichi! Toujours la même! Tu as dû me remplacer, depuis deux ans ?

CHICHI

Dame, ça se peut !

SAINT-MARTIN

Et quel est l'heureux mortel ?

CHICHI

Oh ! non, mon gros ! J'ai des principes ! Jamais je ne parle de mon Présent à mon Passé, ni de mon Passé à mon Présent !

SAINT-MARTIN

Tu ne mélanges pas les temps !... Et quand tu auras un Futur ?

CHICHI

Il ne connaîtra rien du Passé, ni du Présent, ni même du Conditionnel !... On a de la délicatesse ou on n'en a pas !

SAINT-MARTIN

Je t'approuve ! Chichi, tu es une figure ! Et une jolie figure !

CHICHI

Ne t'emballe pas !... Je suis fidèle à mon Présent !

SAINT-MARTIN

Je ne t'en estime que mieux ! Et je suis heureux de t'avoir rencontrée !

CHICHI

Moi aussi !... On s'est parlé une minute !... On a remué des souvenirs !... Et on ne se reverra peut-être plus ! Mais on est des copains tout de même ! Ah ! tiens ! J'ai une envie de t'embrasser !

SAINT-MARTIN, *vivement*.

Voyons ! Tu n'y songes pas !

CHICHI

Tu fais le dégoûté ?...

SAINT-MARTIN

Non ! Mais, ici, dans ce hall d'hôtel !...

CHICHI

Puisqu'il n'y a personne ! Allons, allons, du courage à la bouche !...

SAINT-MARTIN, *riant.*

Alors, vite !... (*Chichi saute au cou de Saint-Martin, qui essaie de se dégager.*) Chichi ! Voyons, Chichi !

(*Au même instant, reparaît Léchoppier.*)

SCÈNE XVI

LES MÊMES, LECHOPPIER.

LECHOPPIER, *entrant.*

Où ai-je donc laissé ma serviette ? (*Apercevant le tableau et s'arrêtant stupéfait.*) Oh ! par exemple !

SAINT-MARTIN ET CHICHI, *se dégageant.*

Léchoppier !

LECHOPPIER, *furieux.*

Eh bien, c'est du propre !... Vous, un fonctionnaire aux Bonnes-Mœurs, et vous, Madame, que j'avais pointée comme une femme honnête, je vous surprends en train de vous embrasser !... Et dans un hall d'hôtel !... C'est une indignité !

SAINT-MARTIN

Monsieur le chef de division, je vais...

LECHOPPIER, *hors de lui.*

Assez ! (*Saint-Martin veut encore parler. Il l'arrête.*) Assez ! Toutes vos explications seraient inutiles !... Je vous ferai révoquer !

SAINT-MARTIN, *atterré.*

Révoquer !

(*Il s'effondre, tandis que Léchoppier, en proie à sa colère, cherche sa serviette.*)

CHICHI, *à Saint-Martin.*

Te bile pas, mon chéri ! Je vais arranger ça ! (*Allant à Léchoppier.*) Monsieur ?

LECHOPPIER

Plaît-il, Madame ?

CHICHI

Vous parlez de faire révoquer Saint-Martin ! Mais, pour cela, il vous faudrait une raison ! Et vous n'en avez aucune !...

LECHOPPIER, *indigné.*

Vous trouvez ?

CHICHI

Depuis quand, je vous le demande, un mari n'a-t-il plus le droit d'embrasser sa femme, quand cela lui fait plaisir ?...

SAINT-MARTIN, *se levant vivement.*

Sa femme !...

LECHOPPIER, *revenu de sa première surprise.*

Ah ! ça, Madame, qu'est-ce que vous me racontez-là ? Vous seriez...

CHICHI, *se présentant.*

Madame Saint-Martin !... La femme légitime de Monsieur Saint-Martin !

SAINT-MARTIN, *à part.*

Elle est folle ! (*A mi-voix.*) Chichi !

CHICHI, *id.*

Tais-toi !

LECHOPPIER, *haussant les épaules.*

Madame, vous vous moquez de moi !... Tout à l'heure, vous vous êtes présentée à moi sous un autre nom !

CHICHI, *jouant l'étonnement.*

Moi, Monsieur ?

LECHOPPIER

Mais certainement !... (*Cherchant son carnet dans sa poche.*) Je l'ai là, sur mon...

CHICHI, *vivement.*

Ne cherchez pas !... Je vois ce que c'est, Monsieur! C'est encore cette fatale ressemblance !

LECHOPPIER

Quelle ressemblance ?

CHICHI

Nous sommes deux sœurs, deux sœurs jumelles et l'on nous confond toujours l'une avec l'autre !... (*A Saint-Martin.*) N'est-ce pas, chéri ?

SAINT-MARTIN

Oui.

CHICHI

La dame que vous avez rencontrée tout à l'heure, devait être certainement ma sœur ! — Est-ce qu'elle n'avait pas une robe rouge ?

LECHOPPIER

Justement !... Une robe rouge assez tapageuse !

CHICHI

C'est Ernestine !...

CHICHI

Ernestine ?

CHICHI

Que voulez-vous ? Ma sœur est fort indépendante, et elle aime les toilettes excentriques ! Tandis que moi, simple femme d'employé, je me contente d'une toilette plus modeste !

LECHOPPIER

En effet !

SAINT-MARTIN, *à part.*

Je dois rêver !

LECHOPPIER, *encore très surpris.*

Je vous avoue, Madame, que je demeure stupéfait d'une pareille similitude (*L'examinant attentivement.*) Pourtant, quand on vous détaille, on aperçoit certaines différences.

CHICHI

Je suis mieux qu'elle ?...

LECHOPPIER, *galamment.*

Je n'osais pas le dire !... Vous êtes... oui, c'est cela... vous êtes plus distinguée (*se tâtant la joue*) plus douce surtout !

CHICHI, *minaudant.*

Vous êtes trop bon, cher Monsieur !

SAINT-MARTIN, *à part.*

Ça y est ! Les voilà intimes !

LECHOPPIER

Je regrette qu'Ernestine... (*Se reprenant*) mademoiselle votre sœur, n'ait pas été là pour nous présenter !

CHICHI, *vivement.*

Oh ! vous savez, quoique jumelles, nous ne nous entendons pas beaucoup ! Quand l'une de nous est là, l'autre s'en va ! (*A Saint-Martin.*) N'est-ce pas. mon chéri ?

SAINT-MARTIN

Oui, oui, toujours... toujours !...

LECHOPPIER

Quelle situaion pénible ! Enfin, je m'excuse, Madame, de mon erreur involontaire !... (*A St-Martin.*) Quant à vous, cher ami, tous mes compliments ! Vous avez une femme délicieuse ! Avec ses manières simples et réservées, c'est vraiment là l'épouse qui convient à un fonctionnaire aux Bonnes-Mœurs !...

CHICHI, *minaudant.*

Oh ! Monsieur Lèchepied !

LECHOPPIER, *agacé.*

Comme sa sœur ! Pas Lèchepied, madame, Léchoppier... avec deux p !... C'est un petit détail, mais j'y tiens !...

CHICHI

Faites excuses, monsieur Lèchepied !

(*Geste de découragement de Léchoppier.*)

LECHOPPIER

Sur ce, je vous quitte, car le devoir m'appelle !... On m'a signalé qu'il se passait ici des tas de choses dans les cabines... Alors, je vais y aller... (*montrant un petit vilbrequin qu'il sort de sa poche*) avec mon instrument !

CHICHI, *étonnée.*

Qu'est-ce que c'est que ça ?

LECHOPPIER

C'est une vrille !...

CHICHI, *chantonnant.*
« Mignonne, voici la vrille !

LECHOPPIER, *riant.*
Très bien !... Avec ça, je percerai des petits trous
dans les cabines... Et chaque fois que je surprendrai
un couple en train de s'embrasser d'une façon un
peu vive, je dresserai procès-verbal !

CHICHI
Ah ! vous dresserez !...

LECHOPPIER
Autant que je pourrai, madame !... Autant que je
pourrai !... Allons ! A bientôt, Saint-Martin ! Et tous
mes hommages, Madame !

   (*Il salue et sort en chantant :* « *Mignonne, voici
la vrille* ».)

SCÈNE XVI

SAINT-MARTIN, CHICHI.

CHICHI
Eh bien, il est très aimable, cet homme-là !

SAINT-MARTIN
Oui ! Mais quand il apprendra qu'on s'est fichu
de lui, tu verras s'il sera aussi gracieux !...

CHICHI

Comment l'apprendra-t-il ?

SAINT-MARTIN

Comment ?... Mais puisqu'il habite le même hôtel, il me rencontrera avec une autre femme que toi !... Avec ma vraie femme !... Et il me demandera des éclaircissements ! C'est le coup de Brighton qui recommence !

CHICHI

Oh ! que tu es grognon ! Tu n'es jamais content !

SAINT-MARTIN

Je devrais te remercier, peut-être !

CHICHI

Oh ! ne t'en fais pas, va ! J'arrangerai ça !

SAINT-MARTIN, *vivement.*

Ah ! non, je t'en prie, ne t'en mêle plus !...

CHICHI

Eh bien, au revoir, chéri !... A la prochaine ! Je vais retrouver mon amant !

SAINT-MARTIN

C'est ça ! Va retrouver ton Présent !

(*Chichi sort vers la plage, en chantonnant, mais redescend aussitôt.*)

CHICHI

Nom de nom ! Sauve qui peut !

SAINT-MARTIN

Qu'est-ce qu'il y a encore ?

CHICHI

C'est ta tante !... Ta tante Watson !

SAINT-MARTIN, *sursautant.*

Elle est ici ?

CHICHI

Oui, je viens de l'apercevoir. Je l'ai reconnue. (*Regardant au dehors.*) Ah ! elle vient par ici !

SAINT-MARTIN, *affolé.*

Nom de Dieu ! (*La poussant vers l'escalier de gauche.*) Remonte dans ta chambre, toi, et n'en bouge pas jusqu'à ce que je te fasse dire d'en sortir !

CHICHI, *grimpant l'escalier.*

Entendu ! Seulement, tu sais, si tu as besoin de moi pour tout arranger, je suis là ?...

SAINT-MARTIN

Non, ça suffit comme ça ! Va-t-en !

(*Elle sort par l'escalier. Miss Watson apparaît, en proie à une violente colère.*)

SCÈNE XVIII

SAINT-MARTIN, MISS WATSON ?
puis LE CHASSEUR.

MISS WATSON, *entrant.*

Ah ! le dégoûtant, le dégoûtant !

SAINT-MARTIN, *ahuri.*

A qui en a-t-elle ?

MISS WATSON

L'immonde personnage ! L'ignoble individu ! (*Elle
s'assied et aperçoit tout à coup Saint-Martin.*) Ah !
mon neveu !

SAINT-MARTIN

Mais oui, ma bonne tante ! C'est moi ! Qu'avez-
vous donc ?

MISS WATSON

Ah ! mon garçon, je suis dans une colère ! Je viens
de surprendre un malpropre qui était en train de
percer des trous dans les cabines, pour regarder ce
qu'il y avait dedans !...

SAINT-MARTIN, *à part.*

Léchoppier !

MISS WATSON

Aussi, je lui ai administré une correction !... Il
s'est sauvé en criant : « La folle, la folle ! »

SAINT-MARTIN

Ça c'est une opinion !

MISS WATSON

En France, on ne connaît pas encore le pouvoir des femmes !

SAINT-MARTIN

Ça viendra !... Ça viendra !...

MISS WATSON

Espérons-le !... (*Changeant brusquement de ton.*) Tout de même, je suis contente de revoir votre chère face !... (*Elle prononce fèce. Ahurissement de Saint-Martin.*) Je suis contente, c'est manière de parler ! Depuis deux ans, mon neveu, vous ne m'avez donné signe de vie, de vous ni de votre chère petite femme, qui vous embrassait si bien, à Brighton !

SAINT-MARTIN

Ah ! pourtant, on vous a écrit tous les huit jours!...

MISS WATSON

Racontez pas de blagues !...

SAINT-MARTIN

Mais le service des P.T.T. est si mal fait !

MISS WATSON, *ne comprenant pas.*

Comment vous dîtes ?

SAINT-MARTIN

P.T.T. Postes. Télégraphes. Téléphones !

MISS WATSON

Nous, nous disons Pi-Ti-Ti.

SAINT-MARTIN, *vivement*.

Voilà ! Y a pas moyen de s'entendre!... Vous dites Pi-Ti-Ti, nous disons Pé-Té-Té !... Comment voulez-vous que les lettres arrivent, dans ces conditions-là ?

MISS WATSON

Non !... C'est pas ça !... Vous savez, je suis suffragette !... Le gouvernement doit chiper mes lettres!

SAINT-MARTIN

Voilà !... Vous avez trouvé ! Quelle belle intelligence !...

MISS WATSON

Oui... Aussi, je devais repartir tout de suite pour mon pays, pour me défendre...

SAINT-MARTIN, *vivement*.

Bonne idée ! (*Tirant sa montre.*) Vous avez justement un bateau à...

MISS WATSON

Mais puisque vous êtes ici avec votre chère femme, Lucienne, je vais retarder mon départ !

SAINT-MARTIN

Ma bonne tante ! Je crois qu'il vaudrait mieux que...

MISS WATSON

Non, non, je vais rester... Je vais passer quelques jours avec vous... Allons, je vais au reading-room rédiger un télégramme pour mon comité !... A tout à l'heure !

SAINT-MARTIN

C'est ça, ma tante, c'est ça !

(Elle entre dans le cabinet de lecture. Le chasseur reparaît par l'escalier de droite.)

LE CHASSEUR, *allant à Saint-Martin.*

Ça y est, Monsieur ! j'ai fait ce que Monsieur m'a dit !

SAINT-MARTIN, *ne se rappelant pas.*

Quoi ?

LE CHASSEUR

J'ai porté tout à l'heure les vêtements de M. Coquerel dans votre chambre.

SAINT-MARTIN

Ah ! oui, parfaitement ! (*Se rappelant tout à coup.*) Oh ! et sa lettre, que j'allais oublier ! (*La sortant de sa poche.*) Tiens, va tout de suite porter cette lettre à la dame du 29.

LE CHASSEUR

A la dame du 29 ?... Bien, m'sieur !... (*Montrant

l'escalier de droite.) Je ferai le tour par le couloir d'en haut !...

SAINT-MARTIN

C'est ça !... *(Le chasseur s'éloigne vivement.)* Décidément, l'air de cette plage ne me convient pas !

(Il va pour sortir, mais, à ce moment, par l'escalier de gauche, reparaît Chichi.)

SCÈNE XIX

SAINT-MARTIN, CHICHI, puis LE CHASSEUR.

CHICHI, *furieuse.*

Ça, c'est trop fort !

SAINT-MARTIN, *se retournant.*

Encore toi !... Je t'avais recommandé de ne pas quitter ta chambre !

CHICHI

Il s'agit bien de ça ! Il vient de m'en arriver une pas banale !... Je suis montée dans ma carrée, où j'habite avec mon type !... Plus personne !... Il a décampé !

SAINT-MARTIN

Il est peut-être en promenade !

CHICHI

Penses-tu ! Sa valise et ses liquettes ont disparu ! Plus rien ! Pas même une paire de chaussettes !...

(*Saint-Martin marque un brusque soupçon dont Chichi s'aperçoit.*) Qu'est-ce que tu as ?

SAINT-MARTIN, *vivement*.

Quel est le numéro de ta chambre ? Est-ce que ce ne serait pas le... le 29 ?

CHICHI

Si !... Comment le sais-tu ?

SAINT-MARTIN

Et comment s'appelle-t-il, ton type ?

CHICHI

Coquerel !

SAINT-MARTIN, *affolé*.

Coquerel !... Bon sang ! (*Il se précipite vers l'escalier de droite.*) Ma lettre ! Ma lettre ! Il faut que je rattrape ma lettre !

(*Il disparaît.*)

CHICHI, *lui courant après et montant les premières marches de l'escalier.*

Saint-Martin ? Saint-Martin ? (*A elle-même.*) Qu'est-ce qu'il lui prend ?... Il devient marteau... (*Appelant.*) Saint-Martin ! Saint-Martin ! (*Regagnant le milieu de la scène.*) Ah ! ouiche !

(*Le chasseur reparaît par l'escalier de gauche.*)

LE CHASSEUR, *apercevant Chichi.*

Ah ! Madame est là ! J'ai cherché Madame à sa chambre, pour lui remettre cette lettre qui est pressée !

CHICHI, *prenant la lettre.*

Merci, mon petit !...

(*Le chasseur va pour s'éloigner, Saint-Martin re-*
paraît par l'escalier de gauche et court à lui.)

SAINT-MARTIN, *au chasseur.*

Ah ! Toi ! Ma lettre ! Ma lettre !

LE CHASSEUR

N'ayez pas peur ! Je viens de la remettre à la
dame !

(*Il sort.*)

SAINT-MARTIN, *à part.*

Foutu !... Je suis foutu !

CHICHI, *lisant et sursautant.*

Oh ! Oh !... (*Apercevant Saint-Martin tout penaud*
et qui veut se défiler.) Saint-Martin ?

SAINT-MARTIN, *avançant timidement.*

Ma chérie ?

CHICHI

Saint-Martin, viens ici !... Là... tout près !

SAINT-MARTIN, *idem.*

Voilà !

CHICHI

Ecoute ça !... (*Lisant.*) « Je reçois une dépêche de
mon cousin Gédéon qui est au plus mal... Je suis
forcé de te quitter la mort dans l'âme ! » Ça ne te
rappelle rien ?

SAINT-MARTIN, *jouant l'innocence.*

Non !... Je ne vois pas !...

CHICHI, *éclatant.*

Fripouille !... C'est ta lettre de Brighton !

SAINT-MARTIN

Tu crois ?

CHICHI

Canaille ! Voyou ! C'est toi qui l'as dictée à Coquerel !

SAINT-MARTIN

Chichi ! Je vais t'expliquer...

CHICHI

Oh ! pas de boniments !...

SAINT-MARTIN

Je ne savais pas que c'était ton amant... Je te le jure ! Sans ça !...

CHICHI, *hors d'elle et arpentant la scène*

Il est parti !... Il m'a plaquée !...

SAINT-MARTIN

Oui !...

CHICHI

Ah ! Cochon malade, va ! Mais tu ne l'emporteras pas en Paradis ! C'est moi qui te le dis ! (*A Saint-Martin.*) En attendant, il faut aviser !... Où est Coquerel ? Réponds ?

SAINT-MARTIN

Il est parti à la gare, pour Paris !...

CHICHI

C'est bien !... Je boucle un sac et je cours après lui.

SAINT-MARTIN

C'est ce que tu as de mieux à faire !...

CHICHI

Plaquée ! Moi ? Ben vrai, ce serait la première fois !

(Elle sort par l'escalier de gauche.)

SCÈNE XX

SAINT-MARTIN, puis Mme SAINT-MARTIN, Mme BARDINET et FULCRAN, puis LA CAISSIÈRE, puis MISS WATSON, puis LE GÉRANT et LE-CHOPPIER.

SAINT-MARTIN, affolé.

Non ! Ce n'est plus tenable ! La tante Watson, d'un côté ! Léchoppier de l'autre !... Chichi par dessus tout ! Je prends un parti héroïque ! Je fous le camp !

(A ce moment, on entend un bruit de voix au dehors, et reparaissent, venant de la plage, Mme Saint-Martin et Mme Bardinet, traînant Fulcran qui résiste.)

MADAME BARDINET, *tirant Fulcran.*

Non, non, venez ! Pousse-le, Lucienne !... Je n'en peux plus !

SAINT-MARTIN

Qu'est-ce qu'il y a encore ?

MADAME BARDINET

Ah ! quel homme ! Nous avons été obligées de l'arracher successivement à la fleuriste, à la loueuse de chaises et enfin à la dame des... parfaitement !...

FULCRAN

Ce sont toutes des saintes !

(*Il va s'asseoir.*)

SAINT-MARTIN, *vivement.*

C'est bon !... C'est bon !... Il ne s'agit pas de ça pour le moment. (*Attirant les deux dames autour de lui, et mystérieusement.*) J'ai une grave révélation à vous faire !...

MADAME BARDINET

Une révélation ?

SAINT-MARTIN

Oui ! Nous ne pouvons pas rester une minute de plus ici ! Il y a la fièvre scarlatine dans l'hôtel !

(*Tous trois sursautent.*)

SAINT-MARTIN, *vivement.*

Chut !... N'ébruitez pas ça, surtout !... Cet hôtel n'est qu'un vaste sanatorium de fièvre scarlatine !

MADAME BARDINET

Mais où aller ?

SAINT-MARTIN

Attendez ! Il y a de petites plages à droite et à gauche de Dieppe. Nous allons chercher ! (*Les amenant vers une affiche qui est sur la muraille.*) Tenez ! Il y a des autocars qui partent de l'hôtel, les uns dans la direction de Pourville, les autres dans la direction de Puys ! Qu'est-ce que vous préférez ?

MADAME BARDINET

Oh ! Pourville !

SAINT-MARTIN

Pourquoi ?

MADAME BARDINET

Je ne sais pas !

SAINT-MARTIN

Alors, montez vite faire vos paquets, pendant que je règle la note...

LUCIENNE, *à Mme Bardinet.*

C'est ça ! C'est ça !

(*Elles se dirigent vers l'escalier de droite, tandis que Fulcran va s'accouder sur le bureau derrière lequel, pendant ce qui précède, a reparu la caissière.*)

MADAME BARDINET, *s'arrêtant tout à coup.*

Ah ! l'oncle Fulcran !

SAINT-MARTIN

Je vous l'envoie !... (*Les deux dames montent.*) Où est-il passé ? (*L'apercevant près du comptoir.*) Encore avec la caissière ! (*Allant à lui.*) Mon oncle !

FULCRAN, *allant à Saint-Martin.*

C'est une personne de plus haut mérite ! Figurez-vous...

SAINT-MARTIN

Oui ! Une autre fois ! On part ! (*A la caissière.*) Mademoiselle, préparez de suite ma note. Je vous rejoins au bureau.

FULCRAN, *très étonné.*

Pourquoi part-on ?

SAINT-MARTIN

Il y a la scarlatine dans l'hôtel !

FULCRAN, *sursautant.*

La scarlatine !... La vraie ?

SAINT-MARTIN

La meilleure !... Vos malles, et au trot !...
(*Il rentre dans le bureau. Fulcran se dirige vers l'escalier de droite. A ce moment, venant du salon de lecture, reparaît Miss Watson.*)

MISS WATSON

Là !... Je viens de rédiger mon télégramme !

FULCRAN, *l'apercevant et sautant sur elle.*

Madame ? Madame ? Je ne vous connais pas...

MISS WATSON, *surprise.*

Moi non plus !...

FULCRAN

Ça ne fait rien ! Ma conscience m'ordonne de vous avertir ! Il y a la scarlatine dans l'hôtel ! La meilleure !...

MISS WATSON, *terrifiée.*

Hein ?

FULCRAN

J'ai bien l'honneur de vous saluer !

(Fulcran monte l'escalier et disparaît.)

MISS WATSON, *affolée.*

Une épidémie dans l'hôtel ! Je file !

(Saint-Martin ressort du bureau de l'hôtel, suivi du gérant.)

SAINT-MARTIN, *au gérant.*

Non ! Non ! Impossible ! Nous partons !

LE GÉRANT, *navré.*

Voyons, Monsieur Saint-Martin, vous nous quittez!... Quand il fait si beau ! Voulez-vous un plat de plus ?

SAINT-MARTIN

Non ! *(Apercevant Miss Watson.)* Oh ! la tante !

MISS WATSON, *courant au gérant.*

Monsieur le gérant, ma note, quickly !

LE GÉRANT, *ahuri.*

Comment ? Vous partez aussi ?

MISS WATSON

Yes !

LE GÉRANT

Oh ! Il y a quelque chose !...

(*Il rentre, très perplexe, dans son bureau.*)

SAINT-MARTIN

Alors, ma tante, vous quittez l'hôtel ?

MISS WATSON

Yes ! Il y a la scarlatine !

SAINT-MARTIN, *sursautant.*

Quoi ?

MISS WATSON

Chut ! Aussi, je m'en vais ! Je vais à Pourville.

SAINT-MARTIN, *vivement.*

Comment ?

MISS WATSON

Où je vous attendrai, ainsi que votre charmante femme !...

SAINT-MARTIN, *atterré.*

Vous allez à Pourville ?

MISS WATSON

Oui !... A bientôt !

(Elle s'éloigne par l'escalier de gauche.)

SAINT-MARTIN

Ça, c'est trop fort !...

*(Mme Bardinet, Lucienne et Fulcran reparaissent,
par l'escalier de droite, avec leurs bagages, et
suivis par le chasseur.)*

MADAME BARDINET

Là, nous sommes prêtes !

LUCIENNE

En route pour Pourville !

SAINT-MARTIN, *vivement.*

Non, non ! Plus de Pourville ! Il y a la scarlatine !

MADAME BARDINET, *ahurie.*

Aussi ?

SAINT-MARTIN

Oui... Pourville n'est aussi qu'un vaste sanatorium
de scarlatine !

LUCIENNE

Alors, où allons-nous ?

SAINT-MARTIN

A Puys!... Puys est indemne! Nous filons sur Puys!
(Bruits de trompe au dehors.) Tenez, voilà l'autocar

de Puys !... Allez vite marquer vos places, tandis que je règle la note.

MADAME BARDINET

Ecoutez, mon gendre, si je ne vous aimais pas tant, je croirais...

SAINT-MARTIN, *la poussant.*

Mais vous m'aimez... Ça va bien !... Marquez les places !

(Il les pousse dehors. A ce moment, venant de la plage, reparaît Léchoppier.)

LECHOPPIER

Là, Ma tournée est finie ! Je suis ravi !...

SAINT-MARTIN, *se trouvant nez à nez avec lui.*

Monsieur Léchoppier !

LECHOPPIER

J'ai dressé quinze procès-verbaux, mais on vient de me signaler des faits graves dans une localité voisine. Il faut que je parte tout de suite !... *(Au gérant qui reparaît.)* Ma note, au trot !

(Il se dirige vers l'escalier de gauche.)

SAINT-MARTIN

Où allez-vous ?

LÉCHOPPIER, *redescendant*

A Puys !

SAINT-MARTIN, *bondissant.*

A Puys !

LECHOPPIER

Une station pourrie !... Il s'y passe des choses ! Excusez-moi... je n'ai que le temps de prendre ma valise !

(*Il disparaît par l'escalier.*)

LE GÉRANT, *à part.*

Ah ça ! qu'est-ce qu'ils ont tous à déserter mon hôtel ?

(*Il rentre dans son bureau.*)

SAINT-MARTIN

Léchoppier à Puys ! Je suis perdu !

(*A ce moment, Fulcran apparaît à la porte du fond.*)

FULCRAN, *de la porte.*

Voyons, mon neveu, dépêchez-vous ! L'auto de Puys va partir !...

SAINT-MARTIN, *vivement.*

Descendez ! Faites descendre ces dames ! Nous n'allons pas à Puys !

FULCRAN

Qu'est-ce qu'il y a encore de cassé ? (*A la canton- nade.*) Descendez, Mesdames !

(*Il sort pour les aider.*)

SAINT-MARTIN

Ah non ! quelle journée !... Je me la rappellerai !
(*Reparaissent avec leurs bagages Fulcran et les
deux dames.*)

MADAME BARDINET

Alors, quoi ? Nous n'allons plus à Puys ?

SAINT-MARTIN, *avec énergie.*

Nous n'irons jamais à Puys !

LUCIENNE

Pourquoi ?

SAINT-MARTIN

Il y a la fièvre scarlatine ! Je viens de l'apprendre !

LUCIENNE

Léon, tu deviens fou !

SAINT-MARTIN

Non, non ! Puys n'est qu'un vaste sanatorium de
fièvre scarlatine !

FULCRAN

Mais où allons-nous alors ?

SAINT-MARTIN

Nulle part ! Nous allons rester à Dieppe... dans cet
hôtel !... C'est encore ici qu'on risque le moins !...
(*Cloche du dîner.*) Tenez, voici la cloche du dîner !
Nous allons faire un bon petit balthazar. (*S'efforçant
d'être gai.*) Ohé ! Ohé ! soyons gais !

MADAME BARDINET

Je t'assure, Lucienne, que ton mari a quelque chose !...

LUCIENNE

Ah ! Je commence à le croire !...

(*Chichi apparaît, sur l'escalier de gauche, suivie du chasseur qui porte sa valise.*)

CHICHI, *au chasseur.*

Vite, une voiture, et au trot !

(*Le chasseur s'éloigne en courant.*)

SAINT-MARTIN, *à part.*

Chichi !

CHICHI, *apercevant Saint-Martin.*

Ça y est, Saint-Martin !... Je pars !... Mais, tu sais, si je ne rattrape pas mon amant, tu auras de mes nouvelles !...

MADAME BARDINET, *allant vivement à Saint-Martin*

Qu'est-ce que c'est que cette femme-là ?

LUCIENNE, *idem.*

Qu'est-ce qu'elle te veut ?

SAINT-MARTIN

Mais je ne sais pas ! Je ne la connais pas !

LE CHASSEUR, *reparaissant.*

Madame, la voiture est là !

CHICHI

C'est bon, je viens !...

(*Elle se dirige vers la porte du fond, pour sortir.*)

LE GÉRANT, *courant après Chichi.*

Madame, madame, et votre note ?

CHICHI, *redescendant, et désignant Saint-Martin.*

Ma note ? Tenez, vous la présenterez à ce monsieur ! C'est à cause de lui que je pars ! C'est bien
le moins qu'il la règle !

(*Elle s'éloigne. Des clients et clientes de l'Hôtel
apparaissent sur les escaliers, tandis que la
cloche sonne de nouveau pour le dîner.*)

LE GÉRANT, *présentant la note à Saint-Martin.*

Tenez, monsieur !

SAINT-MARTIN, *sursautant.*

5.020 francs !

LE GÉRANT

Parfaitement !... 20 francs pour la chambre et
5.000 francs pour la casse !

(*Eclat de rire général.*)

SAINT-MARTIN

5.000 francs ! Ben, vrai ! ça coûte cher de décoller
ses amis !

RIDEAU

ACTE DEUXIÈME

*Huit jours après le 1ᵉʳ acte, dans la nouvelle pro-
priété de Saint-Martin, à Choisy-le-Roi.*

*Un hall de campagne, meublé avec goût. A droite :
premier plan, porte de la chambre de Mme Saint-
Martin; second plan, porte de la salle à manger. A
gauche : premier plan, une petite porte donnant sur
un couloir; deuxième plan, porte donnant sur le reste
de l'appartement. Au fond, une grande porte vitrée
donnant sur le jardin. Entre les deux portes de droite,
et adossé au mur, un piano.*

SCÈNE Iʳᵉ

Mme BARDINET, LUCIENNE, puis SAINT-MARTIN,

*(Après le déjeuner, Lucienne est au piano et
achève de jouer une valse. Mme Bardinet, son
ouvrage sur ses genoux, dort à poings fermés.
Le silence soudain, lorsque Lucienne s'arrête
de jouer, réveille en sursaut Mme Bardinet.)*

MADAME BARDINET, *se réveillant.*

C'est gentil, ce que tu viens de jouer ! Qu'est-ce que c'est donc ?

LUCIENNE

La valse à la mode !... « Donne-moi tes pieds que je les baise ! » ...Mais comment peux-tu juger ? Tu dormais à poings fermés ?

MADAME BARDINET

Oh ! moi, je n'apprécie jamais mieux la musique que quand je dors !... Ça me berce !... Ça me fait faire de beaux rêves !... Et ça m'empêche de penser à mon gendre !... Au fait, où est-il donc, mon gendre ?

LUCIENNE, *remontant vers le fond.*

Dans le jardin !... (*On entend la voix de Saint-Martin qu chante.*) Ecoute-le ! Il chante !

MADAME BARDINET

Sûrement, il va pleuvoir !...

LUCIENNE, *regardant au dehors.*

Comme il est heureux !... Il va !... Il vient !... Il court de la remise au poulailler, du poulailler à la serre !... Il a une âme de campagnard !

MADAME BARDINET

Hum !... Son âme !... Je voudrais bien savoir ce qu'il y a dedans ?...

LUCIENNE

Maman ! (*Elle descend.*) Depuis huit jours que nous sommes intallées ici, tu ne cesses de faire la tête à ton gendre ! Ton gendre que tu aimes tant !

MADAME BARDINET

Que veux-tu ?... Les événements de Dieppe m'ont donné de la méfiance !

LUCIENNE

Il t'a expliqué !

MADAME BARDINET

Oh ! il est très fort, pour expliquer !... Ton père aussi m'expliquait, chaque fois qu'il me trompait ! (*Apparaît Saint-Martin.*) Tiens ! Le voilà, le moineau!

SAINT-MARTIN, *entrant du fond.*

Ça y est, j'en ai un !... Victoire !...

MADAME BARDINET

Vous avez un quoi ?

SAINT-MARTIN, *montrant l'œuf.*

Un œuf... que je viens de découvrir dans le poulailler ! Sous une brave femme de poule, qui vous ressemble, Madame Bardinet !...
(*Il prend les lèvres de Mme Bardinet entre le pouce et l'index pour leur faire faire le cul de poule.*)

MADAME BARDINET, *revêche*.

Vous en faites de l'embarras, pour un œuf !... Ma parole, on dirait que c'est vous qui l'avez pondu !

SAINT-MARTIN

Oui !... Il me semble que j'y suis pour quelque chose !... (*A Lucienne.*) Tiens, chérie, c'est pour toi !

LUCIENNE

Merci, mon ami !... Tu sais que tu es très bien, en gentleman farmer !...

SAINT-MARTIN, *s'asseyant*.

Ah !... la vie saine !... La vie au grand air ! La vie rustique !

MADAME BARDINET

Tous les illustrés !...

LUCIENNE

Comme nouveaux châtelains de Choisy, nous devrions faire des visites !

SAINT-MARTIN, *vivement*.

Non! Non!... Pas de visites!... Pas de relations!... Restons dans notre paix !... Pas de mondanité ! Pas de bruit !

MADAME BARDINET, *amère*.

Il nous séquestre !... Moi qui ai tant besoin de distractions !

(*A ce moment, on entend un oiseau qui chante dans le jardin.*)

SAINT-MARTIN

Ah ! La sale bête !... (*Il saisit un revolver sur une console, va à la baie du fond, et tire deux coups de feu.*) Tiens !...

LUCIENNE, *se bouchant les oreilles.*

Oh ! mon Dieu !...

SAINT-MARTIN

Il est raté !

MADAME BARDINET, *furieuse.*

Ah ! ça !... Monsieur, vous devenez fou !... Le voisinage de Villejuif vous a troublé l'esprit !

SAINT-MARTIN, *à Lucienne.*

Rassure-toi, chérie !... C'était pour effrayer les moineaux qui viennent picorer ma treille ! Le revolver est chargé à blanc !

(*Il repose le revolver sur la table.*)

LUCIENNE

Oh ! j'ai eu une peur !

MADAME BARDINET

Vous êtes stupide, Saint-Martin ! Vous m'avez donné des palpitations ! Si vous voulez éloigner les moineaux, installez un mannequin !...

SAINT-MARTIN

Un mannequin ! C'est une idée !... (*A Lucienne, à*

mi-voix.) Voilà une occupation pour ta mère !...
(*Lucienne boude.*) Tu es fâchée ?...

LUCIENNE

Je te déteste !...

SAINT-MARTIN

Mais non !... Tu m'adores et je suis ravi d'être au
monde !... J'existe !... Je vais terminer mes vacances
entre ma chère petite femme et maman Bardinet !
L'été des Saint-Martin ! N'est-ce pas, maman Bardinet, qu'on est mieux ici qu'à Dieppe ?

MADAME BARDINET

Ah ! oui, je m'en souviendrai de ce séjour à Dieppe !
Il nous a coûté assez cher !... Et tout cela, par votre
faute !

SAINT-MARTIN

Quoi, parce que j'ai décollé mon ami Coquerel ?...

MADAME BARDINET

Vous avez la rage de décoller les gens !...

SAINT-MARTIN

Plaignez-vous !... J'ai libéré l'oncle Fulcran !

LUCIENNE

Ça fait trois jours qu'il nous a quittés pour aller
à Paris !

SAINT-MARTIN

Pour toucher ce qui lui reste de rentes !

MADAME BARDINET

Ah ! il a encore dû faire quelque frasque !

SAINT-MARTIN

Non, non !... Il est guéri !... Pourtant, je crois que je ferai bien d'aller le rechercher.

LUCIENNE

C'est nous qui passerons chez lui !...

SAINT-MARTIN, *surpris.*

Comment, vous allez aller à Paris ?

LUCIENNE

Oui !... Il manque un tas de choses, ici !... Il faut que je commande des meubles de jardin, et puis que je voie ma couturière !...

MADAME BARDINET

Nous prendrons le train de trois heures.

SAINT-MARTIN

Vous ne pouvez pas aller à Paris un autre jour ? Il fait une chaleur étouffante !... Sûrement, il y aura de l'orage avant la nuit !

LUCIENNE

Rassure-toi ! En deux heures, nous serons de retour.

(*A ce moment, apparaît Maria, portant le courrier.*)

MARIA, *entrant.*

Voilà le courrier !

LUCIENNE

Donnez, Maria !

SAINT-MARTIN, *vivement.*

Donnez ça !... (*A part.*) S'il y avait une lettre de la tante Watson !

(*Il saute sur Maria et lui arrache les lettres dont il regarde vivement les suscriptions.*)

MADAME BARDINET, *surprise.*

C'est curieux, mon ami !... Chaque fois qu'il arrive un courrier, vous vous précipitez dessus, comme si vous craigniez une lettre fâcheuse !...

SAINT-MARTIN

Que voulez-vous, chère maman ! Je suis comme le sinistre Dubosc ! Je ne peux pas voir un courrier sans le dépouiller. (*A part.*) Il n'y a pas de lettre Watson ! (*Tendant les lettres.*) Tenez, belle-maman, une lettre de votre amoureux !

MADAME BARDINET

Merci !... (*A part.*) C'est égal !... C'est louche !...

LUCIENNE, *à Maria.*

Nos chapeaux, nos manteaux !

MARIA

Bien, madame.
(*Elle s'éloigne.*)

SAINT-MARTIN, *s'approchant de Mme Bardinet.*

Madame Bardinet, vous ne m'aimez plus autant !

MADAME BARDINET

Mais si !... Mais si !...

SAINT-MARTIN

Ta ! Ta !... Mon cœur ne s'y trompe pas !... Je vous trouve un peu rugueuse, depuis Dieppe!... Pourquoi ?

MADAME BARDINET

Je l'ignore !... Des idées à moi !... (*A Maria, qui reparaît avec les vêtements.*) Eh bien, voyons, les manteaux ?...

MARIA

Voici, madame !

(*Elle aide les deux dames à mettre leurs vêtements.*)

SAINT-MARTIN

Alors, vous me laissez tout seul ?

MADAME BARDINET

N'en profitez pas pour mal faire !

SAINT-MARTIN

N'ayez pas peur !... Je vous attendrai pour ça !...

MADAME BARDINET

Ne raillez pas !... Je vous aime toujours bien... mais je vous ai à l'œil, mon gaillard !

SAINT-MARTIN

A l'œil !... Vous vous vantez !...

LUCIENNE

Allons, maman, partons. Nous allons rater le train.

MADAME BARDINET

Mais non, nous prendrons le raccourci.

LUCIENNE

A ce soir, mon chéri.

SAINT-MARTIN

C'est ça ! Au revoir !... Revenez vite !
(Elles sortent par la petite sortie, premier plan gauche.)

SCÈNE II

SAINT-MARTIN, MARIA.

SAINT-MARTIN, *revenant et allumant une cigarette.*
Maria, préparez-moi une orangeade glacée !

MARIA

Tout de suite, Monsieur !
(Elle s'éloigne.)

SAINT-MARTIN, *s'installant dans un rocking.*

Enfin, seul !... Dieu, que c'est beau, la campagne !
On n'a plus envie de travailler !... On n'a même pas
envie de lire ! On n'a plus de soucis, plus de tracas...
plus rien !... On communie avec la Nature !... (*on entend des chants d'oiseaux*). Les oiseaux !... Dans cinq
minutes, je dormirai d'un bon sommeil paisible ! (*bruit
soudain de carillon.*) Des cloches ! Comme on est loin
de tout ! (*bruit de grelots.*) Une carriole ! Sans doute
quelque voiture de livraison... (*Le cheval secoue ses
grelots.*) Elle s'arrête, la livraison ! (*S'étalant.*) Zut
pour la livraison !... Crotte pour les oiseaux !... Et
flûte pour tout le monde !

*(Il s'installe pour s'endormir. Fulcran apparaît
au fond, très frétillant, fleur à la boutonnière.)*

SCÈNE III

SAINT-MARTIN, FULCRAN.

FULCRAN, *de la porte.*
Eh ah !... Coucou !... Ah, le voilà !...

SAINT-MARTIN, *sursautant.*
Oh !... L'oncle Fulcran !...

FULCRAN, *descendant.*
Bonjour, mon neveu !

SAINT-MARTIN

Bonjour, l'oncle incarné ! D'où venez-vous ?

FULCRAN

De Paris, la grand'ville !

SAINT-MARTIN

Trois jours, sans donner de nouvelles!... Vous nous
avez mis dans une inquiétude !...

FULCRAN

Ah ! mon nevu, si tu savais !

SAINT-MARTIN

Vous n'avez pas fait de bêtises, au moins ?...

FULCRAN

Non ! Je suis rangé !

SAINT-MARTIN

A la bonne heure !

FULCRAN

J'ai rencontré enfin la créature de mes rêves !

SAINT-MARTIN

Nom d'une brique !

FULCRAN

Celle à qui je voulais consacrer ma deuxième jeu-
nesse !... Une sainte, mon ami... Une vraie sainte !

SAINT-MARTIN

Une sainte ! Nous sommes foutus !...

FULCRAN

Ecoute , mon ami !... Si tu avais rencontré une femme charmante...

SAINT-MARTIN, *vivement.*

Je l'aurais envoyée au bain !

FULCRAN

Oh !... Une brave créature qui aurait pu, comme tant d'autres, sombrer dans la débauche, et qui, au lieu de ça, gagne son pain à la sueur de son front !...

SAINT-MARTIN

Qu'est-ce que vous chantez ?

FULCRAN

J'ai voulu l'arracher à un milieu qui n'est pas le sien !

SAINT-MARTIN

Il fallait l'y laisser, au contraire !

FULCRAN

Non ! J'ai une mission !... J'ai relevé cette femme! Et je te l'amène !...

(*Il remonte vers la baie du fond.*)

SAINT-MARTIN

Ça, c'est plus fort que tout !... Il nous amène des grenouilles !...

FULCRAN, *parlant, à la cantonade.*

Entrez, Madame !... Entrez !... Vous êtes ici chez vous !...

(Chichi paraît au fond.)

SCÈNE IV

LES MÊMES, CHICHI, *puis* MARIA.

CHICHI, *entrant en costume de voyage.*

Voilà, mon chéri !...

FULCRAN

Mon neveu, je te présente la princesse Monsouzoff, ma fiancée !

SAINT-MARTIN, *s'effondrant en la reconnaissant.*

Ah ! Chichi !

CHICHI, *se tordant.*

Pan, dans le mille !

FULCRAN, *allant à Saint-Martin.*

Tu es ravi d'avoir une aussi jolie tante !

SAINT-MARTIN

C'est une plaisanterie, n'est-ce pas ?... Une plaisanterie de mauvais goût !...

(Maria reparaît, avec l'orangeade.)

FULCRAN, *à Maria.*

Maria ?...

MARIA, *tout en posant le verre.*

Ah ! Monsieur Fulcran ! Bonjour, monsieur Fulcran !

FULCRAN

Venez m'aider à prendre les bagages de Madame qui va s'installer ici !... C'est ma fiancée !

MARIA, *ahurie.*

Votre ?... (*Se roulant.*) Ah ! non !...

SAINT-MARTIN, *à Fulcran.*

Tenez !... La bonne se tord !...

FULCRAN, *vexé.*

Allons, c'est bien ! C'est bien ! Venez, le cocher s'mpatiente !... (*A Saint-Martin.*) Faites connaissance !... Je reviens tout de suite !... (*Envoyant un baiser à Chichi.*) A tout à l'heure, mon amour !...

CHICHI

A tout à l'heure, mon trésor !... (*Fulcran sort avec Maria. A part, en regardant Saint-Martin.*) Il fume!... Je ne donnerais pas ma place pour mille francs !

SCÈNL V

CHICHI, SAINT-MARTIN.

SAINT-MARTIN, *furieux.*

Chichi !... Je trouve cette plaisanterie inconvenante!

CHICHI, *très calme.*

Mais ce n'est pas une plaisanterie !... Je vais te raconter ce qui s'est passé !... C'est très simple !...

SAINT-MARTIN

Ah ! Tu trouves ?...

CHICHI

Hier, en sortant des Folies-Bergère, où j'avais fait mon numéro de danse, j'ai été suivie par un vieux gigolo. J'allais l'envoyer aux pelotes, quand il m'a dit qu'il habitait à Choisy-le-Roi, chez son neveu Saint-Martin !... Ça m'a rassurée !... Je suis devenue aimable !... Il m'a proposé tout de suite de m'épouser ! J'ai accepté ! Il a payé mon dédit... Et me voilà!

SAINT-MARTIN

C'est ça !... (*Gouailleur.*) Moi d'abord, puis Coquerel, puis Fulcran !... Tu fais le tour de l'honorable société !...

CHICHI, *fière*.

Tu m'insultes !... Je n'ai pas couché avec ton
oncle !... Je suis sa fiancée !... (*Riant.*) J'avais trop
envie de voir ta bouillotte, quand il me présenterait
à toi !

SAINT-MARTIN, *vivement*.

Et tu t'imagines que je vais te laisser t'installer
ici ?

CHICHI

Pourquoi pas ?

SAINT-MARTIN

Qu'est-ce que je raconterai à ma femme et à ma
belle-mère, quand elles rentreront tout à l'heure de
Paris ?

CHICHI

Ça te regarde !... En tout cas, tu n'as pas le droit
de m'empêcher de me refaire ma vie, puisque tu as
brisé mon bonheur !

SAINT-MARTIN

Mais, sacrebleu, ce n'est pas de ma faute !

CHICHI

Ah !... Qui m'a séparée de Coquerel ?... C'est le
pape, peut-être ?...

SAINT-MARTIN

Tu le saboulais du matin au soir !

CHICHI

Possible !... Mais il avait la nuit ! Non, ne me parle
plus de ce Coquerel ! Il dégoûte les poules !...

SAINT-MARTIN

Alors, qu'est-ce que tu comptes faire ?

CHICHI

J'ai toujours eu le sentiment de la famille, et je veux entrer dans une bonne famille !

SAINT-MARTIN

Tu aurais pu en choisir une autre que la mienne !

CHICHI

On ne choisit pas !... On prend ce qu'on trouve !... Et je ne veux pas rater l'occasion !... D'ailleurs, mon fiancé est charmant !

SAINT-MARTIN

Charmant ? L'oncle Fulcran ! C'est une ruine !

CHICHI

Une très belle ruine ! Très décorative !

SAINT-MARTIN

Il ne tient plus debout!...

CHICHI ,

Ah ! ça, c'est vrai !... Il est un peu déprimé. Figure-toi que, ce matin, à Paris, nous arrivons à la gare en taxi!... Le pneu d'arrière a éclaté!... Broum!... Et le pauvre Fulcran a été si bouleversé que ça lui a instantanément coupé la chique !... Il ne trouvait plus ses mots !... Plus rien ne sortait !

SAINT-MARTIN

C'est parce qu'il a eu peur ! C'est son aphasie !...

CHICHI

Son Euphrasie ?... Qu'est-ce que c'est que cette
femme-là ? Une courtisane grecque ?

SAINT-MARTIN

Mais je ne te dis pas Euphrasie ! Aphasie !... Ça
signifie : impossibilité de parler ! Chaque fois que
l'oncle Fulcran entend un bruit violent, sans être pré-
venu, il est pris d'un tremblement nerveux, et se
met pendant un quart d'heure, à bégayer !...

CHICHI

Oh ! que c'est curieux !... Je sens que je vais raf-
foler de cet homme-là !... Un mari qui bégaye quand
il est ému ! Et qui répète deux fois la même chose !...
Je le ferai bégayer tout le temps !...

SAINT-MARTIN

Tu es cynique !

CHICHI

Et puis, assez !... J'ai mis dans ma tête que je serai
ta tante... Je la serai !...

SAINT-MARTIN, *se montant.*

Ah !... Chichi ! Prends garde !

CHICHI

Oh ! J'ai pas peur de toi !... Tu ne bouffes pas le linge !... (*Apercevant Mariä, qui entre avec des bagages.*) Tiens, voilà mon déménagement !

SCÈNE VI

LES MÊMES, MARIA, puis FULCRAN.

MARIA, *entrant avec des valises et une cage à serins.*

Où faut-il mettre les bagages de Madame la tante de Monsieur ?

SAINT-MARTIN, *furieux.*

Madame la tante !... Sur le trottoir !

CHICHI

Dis donc, malhonnête !... (*Ouvrant la porte de droite, premier plan.*) Tenez, ici, Mademoiselle !...

SAINT-MARTIN, *vivement.*

Mais c'est la chambre de ma femme !

CHICHI

Bon ! Ça doit être la meilleure !... Je la prends !

SAINT-MARTIN

Je te défends !...

FULCRAN, *arrivant avec un bocal à poissons rouges.*

V'la les poissons rouges !...

SAINT-MARTIN, *exaspéré.*

Les poissons, maintenant !... La famille est au complet !... (*A Chichi, qui va vers la chambre.*) Madame, je vous défends d'entrer là !...

FULCRAN, *indigné.*

Comment, mon neveu ? Mais ma nièce peut bien céder sa chambre... à sa tante !

SAINT-MARTIN

Sa tante ! (*à Fulcran*). Je ne veux pas ! C'est insensé !...

CHICHI, *à Maria.*

Allez, ma fille, allez !... Casez tout ça dans ma chambre !

(*La bonne hésite. Chichi lui montre la porte d'un geste péremptoire. La bonne y entre*).

SAINT-MARTIN

Mon oncle, il faut que je vous parle sérieusement !

FULCRAN

Plus tard ! Plus tard !... (*Il pose l'aquarium sur la table.*) Il faut d'abord que j'aille payer la voiture !... (*à Chichi*). A tout à l'heure, mon m'amour !

CHICHI

A tout à l'heure, miniature !

(*Il sort en envoyant des baisers à Chichi*).

SAINT-MARTIN

Quel gâteux !...

(*Maria ressort de la chambre*).

MARIA, *à Chichi.*

Madame n'a plus besoin de rien ?

CHICHI

Non, merci, pas pour le moment !

(*La bonne s'éloigne, tandis que Chichi enlève son chapeau et son manteau*).

SCÈNE VII

SAINT-MARTIN, CHICHI.

SAINT-MARTIN

Ah ! non, tu ne vas pas te déshabiller ! Ecoute, Chichi ?

CHICHI, *qui a retiré son manteau et son chapeau.*

Quoi donc, mon neveu ?

SAINT-MARTIN, *éclatant.*

D'abord, je te défends de m'appeler ton neveu !...
Et puis, tu vas me fiche le camp tout de suite !

CHICHI

Vrai !... Ce que tu la tiens, l'hospitalité écossaise!

SAINT-MARTIN

Tu m'as entendu ?...

CHICHI

Oui !... Tu articules bien !

SAINT-MARTIN

Alors, tu vas reprendre tes petits bagages, et filer illico !

CHICHI

Entendu, mon gros !... Je veux bien partir... Seulement, je te préviens, j'emmène Fulcran !... Tu sais, l'oncle à héritage !

SAINT-MARTIN, *avec énergie,*

Ça, jamais !

CHICHI

Alors, je reste !...

SAINT-MARTIN

Ah ? Tu restes ! Eh bien, sais-tu ce que je vais faire ?

CHICHI

Tu vas sourire !... Ce que tu as de mieux, c'est le sourire !

SAINT-MARTIN

Je saute sur le téléphone !... Je demande le commissaire !... Et je te fais expulser séance tenante !

CHICHI, *riant.*

Non ?... Ne me fais pas rire, j'ai les lèvres ger-
cées !...

SAINT-MARTIN

Tu le verras !... Une fois ?... Deux fois ?... Je téléphone ?...

CHICHI

Chiche !

SAINT-MARTIN

Tu me défies !... Trois ?... Adjugé !...

(*Il se dirige en courant vers la porte de la salle à
manger*).

CHICHI, *vivement.*

Coco ? Ecoute ?... (*Saint-Martin disparaît. Chichi
redescend, inquiète.*) Il est capable de téléphoner au
commissaire !... Je n'aime pas les commissaires !... Ils
ne comprennent rien à la vie intense !... Celui-là va
sûrement me flanquer à la porte, avec les honneurs
dûs à mon rang !... Quel dommage ! Je commençais à
m'habituer !

(*A ce moment, Léchoppier paraît à la porte du
fond ; il a un portefeuille sous le bras*).

SCÈNE VIII

CHICHI, LÉCHOPPIER.

LÉCHOPPIER, *entrant.*

Bonjour, Madame Saint-Martin.

CHICHI, *l'apercevant, et à elle-même.*

Oh ! Léchepied ! Je suis sauvée !

LÉCHOPPIER

J'entre sans me faire annoncer !... Mais j'ai trouvé
la grille ouverte !...

CHICHI

Entrez donc, cher Monsieur Léchepied ! Vous êtes
le bienvenu ! Quel bon vent vous amène ?

LÉCHOPPIER

Le vent du devoir, chère Madame !... Je préside,
ce soir, une conférence morale à la mairie de Choisy!

CHICHI

Vous m'en direz tant !

LÉCHOPPIER

Je suis descendu à l'hôtel de la Gare, juste en face
du chemin de fer.

CHICHI

Oh ! Mais pourquoi n'êtes-vous pas descendu chez
nous ?

LÉCHOPPIER

Je n'aurais pas voulu abuser !...

CHICHI

En tout cas, vous nous ferez bien le plaisir de rester
à goûter ?...

LÉCHOPPIER

C'est demandé si aimablement !

CHICHI, *faisant la femme du monde.*
Mais je vous laisse là comme une asperge qu'on a
oublié de cueillir !... Asseyez-vous donc, je vous prie.
(*Ils s'assoient autour d'une table*).

LÉCHOPPIER

Et ce bon M. Saint-Martin, comment va-t-il ?

CHICHI

Très bien !... Il téléphone !

LÉCHOPPIER

Toujours en bonne santé ?

CHICHI

Toujours !

LÉCHOPPIER

Et Madame votre sœur ?

CHICHI, *étonnée.*
Ma sœur ? Quelle sœur ?

LÉCHOPPIER

Mais celle que j'ai vue à Dieppe... (*cherchant*). Madame ?... Madame ?... (*se rappelant*). Ah ! oui, c'est
ça !... Madame Ernestine Coquerel !...

CHICHI, *vivement.*

C'est vrai !... Je ne pensais plus que vous aviez fait sa connaissance !

LÉCHOPPIER

Elle va toujours bien ?

CHICHI

Je l'ignore ! Je ne la vois plus !

LÉCHOPPIER

Bah !

CHICHI

Que voulez-vous ? Coquerel l'a lâchée !

LÉCHOPPIER

Comment ? Le peintre Coquerel, son mari, l'a quittée ?

CHICHI

C'est un mufle, Monsieur ! Il a quitté une femme qui lui avait été fidèle, et dévouée, et tout ça !...

LÉCHOPPIER, *navré.*

Oh !... Je regrette d'avoir, malgré moi, remué de si douloureux souvenirs !... Plaignons votre pauvre sœur !

CHICHI

Plaignons-la ! (*Vivement.*) Et parlons d'autre chose !

LÉCHOPPIER

Je n'ai pas besoin de vous demander si vous êtes heureuse en ménage ! Vous respirez le bonheur !

CHICHI

Oui ! Mais j'ai l'haleine courte !

LÉCHOPPIER

J'espère que Saint-Martin est toujours le mari tendre, empressé?...

CHICHI

Sans doute !... Mais il est préoccupé de son avancement !

LÉCHOPPIER, *vivement.*

Plus un mot !... Son avancement, je m'en charge !

CHICHI

Comme vous êtes bon !... (*Se levant.*) Ah ! j'entends mon mari !... Il va être bien heureux de vous voir.

(*A ce moment, reparaît Saint-Martin*).

SCÈNE IX .

LES MÊMES, SAINT-MARTIN.

SAINT-MARTIN, *entrant.*

Là !... J'ai téléphoné au commissaire ! Il sera ici dans une demi-heure !

CHICHI, *allant aimablement à Saint-Martin.*

Regarde, mon chéri !... Regarde qui est là !...

SAINT-MARTIN, *médusé.*

Léchoppier !...

CHICHI

Hein ? C'est encore une bonne surprise ?... Tu es content ?...

SAINT-MARTIN, *à part.*

Me voilà frais, moi !

LÉCHOPPIER, *étonné, à Chichi.*

Quel accueil étrange !

CHICHI

C'est la joie !... (*à Saint-Martin.*) Voyons, mon ami, remets-toi !... M. Léchepied nous fait le grand honneur de goûter chez nous.

SAINT-MARTIN

Vrai ?

CHICHI, *à Léchoppier.*

Il est ravi... ravi, ravi !...

SAINT-MARTIN, *sans sincérité.*

Certainement, je suis très heureux, mon cher patron !...

LÉCHOPPIER

Oh ! vous savez... je ne puis rester qu'une heure à peine !...

SAINT-MARTIN, *vivement.*

Tant mieux ! Tant mieux !... (*Se reprenant aussitôt.*) Non ! Je veux dire : Tant pis, tant pis !

LÉCHOPPIER

A la bonne heure !

SAINT-MARTIN, *à part.*

Sapristi! Et le commissaire qui va venir!... (*Haut.*)
Mon cher patron, excusez-moi !... Un coup de téléphone à donner !...

LÉCHOPPIER

Faites, mon ami, faites !...

CHICHI

Va, mon chéri !... Je tiens compagnie au Maître !

SAINT-MARTIN, *à part.*

Pourvu que le commissaire ne soit pas parti !...
(*Il sort vivement par la porte de la salle à
manger*).

SCÈNE X

*CHICHI, LÉCHOPPIER, puis MARIA et MISS
WATSON.*

LÉCHOPPIER

Qu'est-ce qu'il a donc, Saint-Martin ? Il n'a pas
l'air dans son état normal ?...

CHICHI

Mettez-vous à sa place !... Quand il a l'honneur de
recevoir un grand personnage !

LÉCHOPPIER, *faisant le modeste.*

Madame !... Évidemment, c'est inespéré pour lui !

CHICHI

Si vous saviez comme il vous vénère ! Il me répète tout le temps : « Léchepied, c'est une nature, un caractère ! »

LÉCHOPPIER

Il exagère !

(*A ce moment, reparaît Maria*).

MARIA, *entrant.*

Madame, Monsieur n'est pas là ?... Il y a là une dame qui veut parler à M. et à Mme Saint-Martin !...

CHICHI, *vivement.*

Qu'elle entre !

MARIA

C'est que...

CHICHI, *idem.*

Ne la faites pas attendre ! Allez, ma fille !... (*Maria ressort.*) (*Revenant à Léchoppier.*) Oh ! ces larbins, cher Monsieur, ces larbins !...

LÉCHOPPIER, *admirant Chichi et à part.*

C'est vraiment une femme du monde !

(*A ce moment, introduite par Maria, apparaît Miss Watson*).

MISS WATSON, *entrant.*

Bonjour, ma chère nièce !...

CHICHI, *se retournant.*

Oh ! ma bonne tante Watson !

(*Elle saute dans les bras de Miss Watson. Embrassade*).

MISS WATSON

Il y avait longtemps qu'on ne s'était vues !...

CHICHI

Depuis Brighton !... Mais je n'ai cessé de penser à vous !

MISS WATSON

Ah ! ma bonne chérie ! ma chère petite Lucienne!...

CHICHI

Ma bonne tante !... (*Nouvelle embrassade*) (*vivement.*) Mais que je vous présente notre grand ami, M. Léchepied.

MISS WATSON, *le reconnaissant.*

Oh !. le satyre de Dieppe !

LÉCHOPPIER

La folle de la plage !

(*Tous deux reculent épouvantés*).

MISS WATSON

C'est l'homme qui perçait des trous dans les cabines !

CHICHI, *riant.*

Vous faites erreur, ma tante ! M. Léchoppier, inspecteur des Bonnes Mœurs, accomplissait une mission officielle !

LÉCHOPPIER, *dignement.*

Je suis vierge, Madame !

MISS WATSON, *idem.*

Mais, moi aussi, Monsieur.

CHICHI, *riant.*

Eh bien, vous êtes quittes.

MISS WATSON, *à Léchoppier.*

Alors, je vous présente mes regrets ! Vous êtes du reste le premier homme à qui je présente des regrets !

LÉCHOPPIER

Je les accepte, Mademoiselle !

MISS WATSON, *à Chichi.*

Mais où est donc mon neveu ?... J'ai hâte de l'embrasser !

CHICHI

Oh ! Il va être bien heureux !

(*Au même instant, reparaît Saint-Martin*).

SCÈNE XI

LES MÊMES, SAINT-MARTIN.

SAINT-MARTIN

Le commissaire était déjà parti.

CHICHI

Ah ! le voici ! (*Allant à Saint-Martin.*) Approche,
mon chéri !... Voilà encore une bonne surprise !

SAINT-MARTIN, *reconnaissant sa tante.*

Nom de Dieu ! La tante Watson !

(*Il manque de s'effondrer*).

MISS WATSON, *étonnée.*

Eh bien, mon neveu, vous n'avez pas l'air content
de me voir.

CHICHI

C'est la joie, ma bonne tante, c'est la joie ! (*A
Saint-Martin.*) Voyons, mon chéri, embrasse la tante
Watson.

SAINT-MARTIN

Oui, oui ! (*Il va à sa tante et grinçant des dents.*)
Alors, c'est vous ? Mais comment êtes-vous ici ?

MISS WATSON

Mais très simplement. J'ai trouvé votre adresse
dans le supplément de l'annuaire du téléphone.

SAINT-MARTIN

Quelle belle invention que le téléphone !

CHICHI

Je vais vous faire préparer une bonne chambre !

SAINT-MARTIN, *à mi-voix.*

Une chambre !... Ah ça ! tu es folle, toi !

MISS WATSON

Inutile !... Je repars, ce soir, pour Londres.

SAINT-MARTIN, *entre ses dents.*

Heureusement !

CHICHI

Comment, vous allez nous quitter si vite, ma bonne tante ?

MISS WATSON

Je suis forcée ! D'ailleurs j'ai hâte de fuir ce Paris, où j'ai vu des choses à faire dresser la tête sur les cheveux. Mais je voudrais tout de même visiter votre joli cottage...

LÉCHOPPIER

Moi aussi !...

CHICHI, *s'empressant.*

Mais rien n'est plus facile !... Je vais vous faire les honneurs.

SAINT-MARTIN, *à mi-voix.*

Chichi, je t'en prie !

CHICHI

Ah ! tu ne vas tout de même pas m'apprendre à recevoir !...

(*Miss Watson et Léchoppier remontent. Au même moment, reparaît Fulcran*).

SCÈNE XII

LES MÊMES, puis FULCRAN, puis MARIA.

FULCRAN

Ah ! me revoilà !

SAINT-MARTIN

L'oncle Fulcran !...

CHICHI

Je l'avais oublié, celui-là !...

FULCRAN

Je viens de faire de la bonne besogne !

SAINT-MARTIN, *inquiet.*

Qu'est-ce que vous avez encore fait ?

FULCRAN

Je suis allé à Choisy, où j'ai invité tous les notables
du pays pour leur présenter ma fiancée !

SAINT-MARTIN, *furieux.*

Vous avez fait ça ?

FULCRAN, *apercevant miss Watson et Léchoppier.*

Eh ! mais, voici déjà deux de mes invités !...

SAINT-MARTIN

Mais non ! Mais non !

FULCRAN

Mais si !... (*Allant à Miss Watson et à Léchoppier.*)
Soyez les bienvenus !... Tout le monde sera ici dans
quelques instants !...

SAINT-MARTIN, *à part.*

Comment l'empêcher ?

FULCRAN

En attendant, permettez-moi de vous présenter une
personne qui m'est très chère !

SAINT-MARTIN, *bas à Chichi.*

Ça y est ! Voilà la catastrophe !...

CHICHI, *apercevant le revolver qui est sur la table.*
Pas encore !

FULCRAN, *prenant Chichi par la main.*

Venez, ma belle, que je vous présente !... (*A Léchoppier et miss Watson.*) J'ai l'honneur de vous présenter ma fi... (*Chichi tire en l'air un coup de revolver. Fulcran, Miss Watson et Léchoppier sursautent
et poussent un cri. Fulcran se met à bégayer*) ma fifi...
ma fifi... ma fifi... (*miss Watson et Léchoppier se regardent ahuris*).

CHICHI, *vivement.*

Oh ! je vous demande pardon ! En passant, j'ai
accroché ce revolver, et c'est la gâchette qui... Il n'y
a pas de mal ?...

LÉCHOPPIER, *se rassénérant.*

A la bonne heure !... (*à Fulcran*). Vous disiez ?

FULCRAN, *bégayant.*

C'est ma fifi... ma fifi...

MISS WATSON, *surprise.*

Sa fifi ?... Quelle fifi ?...

CHICHI, *vivement.*

Sa filleule ! Je suis sa filleule !...

FULCRAN

Mais non... c'est ma fifi... ma fifi...

SAINT-MARTIN, *le poussant.*

Allez, allez ! On le leur dira !... Allez vous reposer.

(*Il le fait sortir par la porte de gauche, deuxième plan*).

MISS WATSON

Le pauvre homme !... Il est bien abîmé !

LÉCHOPPIER

Mais qu'est-ce qu'il a eu ?

CHICHI

C'est son Euphrasie !..,

MISS WATSON

Encore un enfant de la Bête !

(*Ils continuent à causer ensemble. Saint-Martin reparaît*).

SAINT-MARTIN, *descendant.*

Ouf !

(*Il se trouve nez à nez avec Maria qui vient du jardin*).

MARIA, *à Saint-Martin.*

Monsieur, il y a là un tas de gens qui disent qu'ils viennent goûter !

SAINT-MARTIN, *à part.*

Les invités de l'oncle Fulcran !

CHICHI, *vivement.*

Introduisez-les nous, Maria !... Introduisez-les nous !...

MARIA

Je veux bien ! (*à part, en sortant*). C'est une blague qu'on fait !... Sûrement !...

SCÈNE XIII

LES MÊMES, moins FULCRAN, plus MARIA

et LES INVITÉS

MARIA, *annonçant.*

M. le Percepteur des Contributions.

CHICHI, *se précipitant.*

Oh ! M. le Précepteur !... Que c'est aimable à vous !...

LE PERCEPTEUR

Mais du tout, Madame !... Tout l'honneur est pour moi ! .

CHICHI

Oh ! Monsieur !... Mais c'est nous, au contraire, qui vous avons mis... à contribution !...

MISS WATSON

Charmant !

LÉCHOPPIER

Exquis !

MARIA, *annonçant.*

Madame la receveuse des postes !

CHICHI

Oh ! la receveuse ! Je reçois la receveuse ! (*Se précipitant.*) Chère Madame... honneur aux femmes de lettres !...

LA RECEVEUSE

J'étais si heureuse de saluer notre nouvelle châtelaine que je n'ai pas hésité à lâcher le bureau !

CHICHI

De la part d'une employée des postes, c'est une preuve... d'affranchissement !... (*Approbation générale. Présentant Saint-Martin.*) Mon mari !...

SAINT-MARTIN, *exaspéré.*

Oh !

MARIA

Monsieur le clerc de notaire Lacourge.

LE CLERC DE NOTAIRE, *frétillant.*

Madame, je savais qu'une Parisienne nous était échue, mais je ne l'eusse pas supposée si jolie !

CHICHI

Oh ! vous, mon petit, vous êtes trop poli pour être honnête... (*Présentant.*) Mon mari !...

(*Ils se serrent la main*).

MARIA, *annonçant.*

Mme la Directrice de l'Ecole maternelle !

CHICHI

Oh ! Madame la laïque, croyez bien que votre visite ne m'est pas... obligatoire !...

MARIA, *annonçant.*

Monsieur le capitaine des pompiers !

CHICHI

Oh ! un capitaine !

(*Elle lâche la directrice, et va au devant du capitaine*).

SAINT-MARTIN, *à part.*

Le capitaine !... Nous sommes fichus !

CHICHI, *au capitaine*.

Ah ! Monsieur le Capitaine, je salue, en vous, tous les pompiers de France !...

MISS WATSON

Comme elle reçoit bien !

SAINT-MARTIN

Ah ! elle a tellement reçu !

MARIA, *annonçant*.

Mme Paméla de Monthabor !

CHICHI

Oh ! la noblesse aussi !... (*Se précipitant vers Mme de Monthabor.*) Ah !... chère Mme de Monthabor, quel honneur pour mon salon !...

LA RECEVEUSE, *au capitaine*.

Mais c'est la mère Truche... qui tient les water-closet à la gare !...

MADAME TRUCHE, *à Chichi*.

Excusez-moi, Madame, si j'arrive un peu en retard, mais j'ai eu une peine à quitter mon petit châlet !

CHICHI

Votre petit châlet ?

MADAME TRUCHE

J'ai été obligée d'attendre le train de trois heures,
et j'ai eu du monde !...

CHICHI

Mais ne vous excusez pas, ma bonne dame ! On
fait comme on peut !

MADAME TRUCHE

A qui le dites-vous ?

CHICHI, *présentant Mme Truche.*

Une châtelaine des environs ! Mme Paméla de Monthabor !

MISS WATSON et LÉCHOPPIER, *saluant.*
Madame !...

LA RECEVEUSE, *étonnée, au capitaine.*
Mme de Monthabor, la mère Truche ?...

LE CAPITAINE

Elle a été cocotte sous l'Empire !

(*Chichi leur amène Mme Truche pour la leur présenter. Ils se détournent*).

MADAME TRUCHE, *vexée et à part.*
Ils ne sont pas toujours aussi fiers !

CHICHI, *remontant vers Maria.*
Eh bien, Maria, y en a plus? On est au complet?...

Alors, préparez le goûter !... Du porto !... Beaucoup
de porto !... Et du champagne !... Beaucoup de champagne !...

MARIA

Bien, Madame, bien !... Moi je suis pour la gaieté !
(*Elle s'éloigne vers la salle à manger*).

CHICHI, *aux invités.*

Et maintenant, messieurs et dames, et la compagnie, pendant qu'on va préparer le frichti... le gueu-
leton... le goûter... si on allait visiter le parc ?...

VOIX DIVERSES

Mais certainement !... Comment donc !... Avec
plaisir !...

SAINT-MARTIN, *à mi-voix, à Chichi.*

Ah ! Chichi, où va-t-on ?

CHICHI, *idem.*

A la gare !

SAINT-MARTIN

Je voudrais bien !

(*Les invités commencent à remonter vers la porte
du jardin*).

LECHOPPIER, *à Saint-Martin.*

Ah ! mon cher Saint-Martin, quelle femme exquise
vous avez ! Je devrais vous quitter pour aller orga-
niser ma conférence.

SAINT-MARTIN, *vivement.*

Ne vous gênez pas, vous savez !

LÉCHOPPIER

Non ! non ! Pour une fois, je vais me dérober au devoir, et téléphoner à la mairie !... Vous avez le téléphone?...

SAINT-MARTIN

Ah ! non, non !...

CHICHI, *redescendant vivement entre eux.*

Comment, non? (*A Saint-Martin.*) Mais si, mon ami, nous avons le téléphone !... (*A Léchoppier.*) Tenez, par ici, M. Léchepied.

LÉCHOPPIER

Merci, Madame, merci !

(*Il passe dans la salle à manger*).

SAINT-MARTIN, *désespéré.*

Pourvu que les autres n'arrivent pas ! Je cours au désastre !...

CHICHI, *redescendant vers lui.*

Tu en fais, une bouillotte !

SAINT-MARTIN

Ah ! toi !...

CHICHI

Oh ! t'en fais pas, va ! Du nerf, sacredié ! On est dans le bal, faut danser!

SAINT-MARTIN

Soit, dansons !... (*Remontant vers ses invités.*) Par ici, messieurs et dames, par ici !

CHICHI

C'est ça ! Suivez le guide, messieurs et dames, suivez le guide !

> (*Tous sortent dans le jardin, à la suite de Saint-Martin*).

CHICHI, *apercevant Maria qui reparaît avec un napperon.*

Et vous, Maria, soignez-moi le goûter, hein ? Et que ça reluise !

> (*Elle sort à son tour*).

MARIA, *seule et se tordant.*

Ah ! non, cette femme-là, elle me botte ! Je ne la connais pas, mais depuis qu'elle est ici, on commence à rigoler !

> (*Elle se met à dresser le couvert, en chantonnant : « Petit oiseau de la nature. » Apparaît Coquerel, venant du jardin et cherchant*).

SCÈNE XIV

MARIA, COQUEREL et à la fin LÉCHOPPIER.

COQUEREL, *entrant.*

Pardon, mademoiselle !...

MARIA, *se retournant.*

Vous désirez, Monsieur ?

COQUEREL

C'est bien ici que demeure M. Saint-Martin ?

MARIA

Oui, Monsieur ! Monsieur est sans doute un invité?

COQUEREL

Non, je suis venu à tout hasard.

MARIA

Ça tombe bien !... Aujourd'hui, M. Saint-Martin reçoit un tas de gens qu'il ne connaît pas !...

COQUEREL

Ah !... Alors, ne le dérangez pas ! Moi, il me connaît !

MARIA

Le nom de Monsieur ?

COQUEREL, *s'asseyant.*

Je n'ai plus de nom !... Ma situation non plus n'a plus de nom !... Je suis un homme dont la vie est brisée !... Je n'ai plus de foyer, plus d'affection, plus rien !

MARIA

Tenez, Monsieur.

(Elle sort un franc de sa poche, et le met dans la main de Coquerel).

COQUEREL, *surpris.*

Qu'est-ce que c'est que ça ?

MARIA

C'est vingt sous ! Monsieur m'a dit de donner aux pauvres une pièce de vingt sous !.

COQUEREL

Je n'ai pas besoin d'argent !... (*Il met quand même les vingt sous dans sa poche.*) J'ai besoin d'un asile.

MARIA, *méfiante, et se reculant un peu.*

Ah !... Alors, c'est à côté, à Villejuif !

COQUEREL

Non !... D'un asile et d'un réconfort !... Je viens réclamer tout ça à Saint-Martin, artisan de ma ruine!

MARIA

Comment ? Le patron vous a ruiné ?

COQUEREL

Oui. Il m'a ruiné moralement !... Aussi, je viens m'installer chez lui.

MARIA

Oh !... Vous pouvez ! Tout le monde vient s'installer chez lui !... Allez, cherchez une chambre... un coin !... Ne vous gênez pas !... C'est la fête !... Tout le monde y va !...

(*Elle se tord*).

COQUEREL, *à part.*

En voilà une piquée !

(A ce moment, venant de la salle à manger, reparaît Léchoppier).

LÉCHOPPIER

Impossible d'avoir la mairie !... Pas libre !

MARIA, *à Léchoppier.*

Tenez, Monsieur, v'la encore un invité... C'est comme les cheveux d'Eléonore !... Quand y en a plus, y en a encore !

(Elle sort en se tordant).

SCÈNE XV

COQUEREL, LÉCHOPPIER.

LÉCHOPPIER, *allant à Coquerel.*

Ah ! Monsieur, enchanté de faire votre connaissance !

COQUEREL

Mais, moi aussi, Monsieur !

LÉCHOPPIER

Je suis M. Eusèbe Léchoppier, inspecteur aux Bonnes Mœurs !...

COQUEREL

Et moi, je suis M. Coquerel !

LÉCHOPPIER, *sursautant.*

M. Coquerel ? Le peintre bien méconnu ?

COQUEREL

Lui-même !

LÉCHOPPIER, *changeant brusquement de ton.*

Ah ! c'est vous, Coquerel !... Eh bien, je ne suis pas fâché de vous voir !

COQUEREL, *surpris.*

Pourquoi donc ?

LÉCHOPPIER

Pour vous dire que votre conduite est inqualifiable!

COQUEREL

Comment, Monsieur ?

LÉCHOPPIER

Vous n'avez pas honte d'abandonner ainsi votre femme ?

COQUEREL, *de plus en plus étonné.*

Ma femme ?...

LÉCHOPPIER

Une femme à qui vous n'aviez rien à reprocher!...

COQUEREL

Pardon, je...

LÉCHOPPIER

Dont la vertu est garantie par le gouvernement!...

COQUEREL

Mais...

LÉCHOPPIER

Taisez-vous, Monsieur !... Je l'ai éprouvée en lui pinçant le derrière !...

COQUEREL, *vivement.*

Vous dites ?

LÉCHOPPIER

Enfin, je vais toujours prévenir votre belle-sœur que vous êtes là !

COQUEREL, *ahuri.*

Ma belle-sœur ?...

LÉCHOPPIER

Ah ! elle ne sera pas très contente de vous voir, mais nous allons tâcher d'arranger ça !... Je vais la chercher.

COQUEREL

C'est ça !

(*Chichi apparaît dans le jardin*). ....

SCÈNE XVI

LES MÊMES, CHICHI.

CHICHI, *parlant à la cantonnade.*

Une seconde, mes amis, une seconde ! Je reviens de suite !

LÉCHOPPIER, *apercevant Chichi.*

Justement, la voici ! (*Il va à elle*.) Venez, chère
amie, venez !... Votre beau-frère est ici !

CHICHI, *ne comprenant pas.*

Mon beau-frère ?...

LÉCHOPPIER

Accueillez-le sans colère !
(*Chichi et Coquerel s'aperçoivent*).

CHICHI, *sursautant.*

Coquerel !...

COQUEREL, *idem.*

Chichi !...
(*Ils font un mouvement comme pour en venir aux
mains. Léchoppier passe vivement entre eux*).

LÉCHOPPIER

Allons, allons, pas de colère !

COQUEREL, *à lui-même.*

Comment, elle, ici ?

LÉCHOPPIER, *à Coquerel.*

Vous avez eu tort de quitter votre femme. (*A
Chichi*.) Il regrette d'avoir abandonné votre sœur !...

COQUEREL, *d'un ton furieux.*

Vous dites ?

CHICHI, *vivement.*

Ah ! vous voyez son caractère !...

LÉCHOPPIER

Allons, allons, je vous en prie !... Du calme, du liant, de la conciliation ! (*Sonnerie du téléphone.*) Ah! voilà la communication ! Je téléphone à la mairie ! Pendant ce temps, expliquez-vous gentiment !

(*Il entre dans la salle à manger*).

SCÈNE XVIII

COQUEREL, CHICHI et à la fin FULCRAN.

CHICHI, *furieuse.*

Alors, comme ça, tu oses te présenter ici, tout frétillant... la queue en trompette ?...

COQUEREL, *vivement.*

S'agit pas de ça !... Je suis ton beau-frère, maintenant ?...

CHICHI

Oh ! plus même, Monsieur !... Vous ne m'êtes plus rien !

COQUEREL

Chichi !...

CHICHI

Depuis que vous m'avez plaquée si salement à Dieppe, nous sommes étrangers! J'ai oublié qu'il y

eût au monde un individu répondant au nom ridicule
de Coquerel !...

COQUEREL

Oui !... En attendant, qu'est-ce que tu fais ici ?

CHICHI

Moi ? Je cherche mon ombrelle !... (*L'apercevant
sur un divan.*) La voici ! Je m'en vais !...
(*Elle remonte vers le jardin*).

COQUEREL, *furieux et l'arrêtant au passage.*

Ah ! tu te moques de moi?... Tu ne veux pas me
répondre ? (*Silence de Chichi.*) (*La secouant.*) Tu ne
veux pas me répondre ?...

CHICHI

Oh ! le lâche, le lâche qui bat les femmes !
(*Criant.*) Au secours! Au secours!

COQUEREL

Veux-tu te taire !

CHICHI

Au secours !
(*Fulcran apparaît*).

FULCRAN, *entrant et s'arrêtant interdit, en apercevant
Coquerel et Chichi.*

Ciel, que vois-je ?
(*Il se précipite vers Coquerel et Chichi*).

SCÈNE XVIII

LES MÊMES, FULCRAN et à la fin MARIA.

FULCRAN, *à Coquerel.*
Monsieur, je vous défends de toucher Madame !

COQUEREL, *ahuri.*
D'où sort-il, ce vieux débris ?

CHICHI, *prenant amoureusement Fulcran dans ses bras.*
Vieux débris ?... Mon mamour !

COQUEREL
Son mamour !

FULCRAN, *avec énergie.*
Parfaitement, Monsieur, je suis son mamour !
Madame est ma fiancée !

COQUEREL, *ahuri.*
Votre... Votre... Répète pour voir !

FULCRAN
Oui, je le répète ! C'est ma fiancée !
(*Coquerel se précipite vers Fulcran et se met à le
poursuivre*).
CHICHI
Mais il va me l'abîmer !

FULCRAN

C'est ma fiancée !

COQUEREL

Ah ! nom de Dieu !...

(*Il ferme avec colère et bruyamment le piano*).

FULCRAN, *se mettant à bégayer.*

C'est ma fifi... c'est ma fifi...

COQUEREL, *continuant à le poursuivre.*

Ah ! c'est ta fifi ?... Eh bien, je vais t'en donner,
moi, des fifi ?

FULCRAN, *fuyant.*

Maman ! Maman ! Maman !

COQUEREL

Vieux sapajou, va ! Je t'aurai quand même !...

(*Il sort à la suite de Fulcran, par la porte de
gauche*).

CHICHI, *se tordant.*

Ne l'ébrèche pas !

(*Maria apparaît, avec le plateau du goûter*).

MARIA

Madame, voilà le goûter !...

CHICHI

Très bien, Maria ! Posez ça là ! Je vais prévenir les
autres ! (*Remontant à la baie du fond, et s'adressant*

à la cantonade.) Venez, vous autres !... Le goûter est
servi !...

(*Les invités rentrent, en papotant*).

SCÈNE XIX

CHICHI, SAINT-MARTIN, LES INVITÉS, et à la fin

Mme BARDINET.

LÉCHOPPIER, *entrant.*

Ah ! je ne suis pas fâché de me sustenter un peu !

MISS WATSON, *idem.*

Oh ! moi, je n'ai jamais faim !...

CHICHI

Alors, en qualité de jeune fille, vous allez faire les
honneurs !

MISS WATSON, *flattée.*

Ma chère Chichi, vous exagérez !... Je suis presque
une vieille fille !... J'ai quarante ans !

CHICHI, *aimable.*

Non ! Vous avez deux fois vingt ans !

LÉCHOPPIER

Exquis !

SAINT-MARTIN, *bas à Chichi.*

Tout Choisy est témoin de ma honte !

CHICHI, *idem.*

Ta gueule !

LÉCHOPPIER, *aux autres.*

Elle a un mot aimable pour tout le monde !

CHICHI, *aux invités.*

Et maintenant, mes amis, que la fête commence !
De la gaîté !... De l'abandon !... Les coudes sur la
table ! (*A Lacourge.*) S'pas, Lagourde ?

LE CLERC DE NOTAIRE

Lacourge, Madame, Lacourge !

CHICHI, *prenant un verre.*

A la fraîche, qui veut boire ?

LECHOPPIER, *idem.*

Madame, je vous fais raison !

CHICHI, *buvant.*

A la vôtre, Léchepied ! Ah ! ça fait du bien par où
ça passe !... (*Servant.*) M. le Percepteur, voilà de
quoi purger vos hypothèques les plus constipées ?
(*Buvant.*) Ça grafouille dans le nez !... (*Servant.*)
M. le Capitaine des Pompiers ?...

LE CAPITAINE, *vivement.*

Oh ! un doigt seulement !

CHICHI

Bravo !... Un doigt de vin et un doigt de cœur, c'est ma devise !

SAINT-MARTIN, *à part.*

Ça va être gentil, tout à l'heure !

CHICHI

A votre santé, tout le monde !

SAINT-MARTIN, *s'approchant de Chichi et bas.*

Je t'en supplie, tiens-toi !

CHICHI

Ah ! toi, tu me cavales sur le papillon !...

SAINT-MARTIN, *à part.*

L'argot, à présent !

(*Elle se verse une nouvelle coupe de champagne, et la boit d'un trait*).

CHICHI, *gaiement.*

Allons, allons, grouillons-nous un peu !... Faut pas rester là comme des empotés ! Faut s'animer ! (*Vivement.*) Ah ! j'ai une idée !

SAINT-MARTIN, *à part.*

Je tremble !

CHICHI

Si on jouait aux petits jeux ?...

LA RECÉVEUSE

Oui, au furet !

TOUS

Oh ! non !

UNE INVITÉE

Au doigt mouillé !

CHICHI

Eh ! eh ! tu ne t'embêtes pas, toi !

MADAME TRUCHE

A chacun dans son trou !

VOIX DIVERSES

Oh ! oh!

LÉCHOPPIER

Moi je propose un vieux jeu, bien français... Collin-mailard !

VOIX DIVERSES

C'est ça !... C'est ça !

CHICHI, tendant un foulard à Saint-Martin.

Je m'y colle ! Mets-moi le foulard !

SAINT-MARTIN, très ennuyé.

Chichi !

CHICHI, tapant du pied.

Mets-moi le foulard, que je te dis !

SAINT-MARTIN, *bas, à Chichi en lui mettant le foulard
sur les yeux.*

Chichi, tu es très excitée !... Je t'en prie, surveille-
toi !...

CHICHI, *qui a déjà les yeux bandés.*

Ah ! ferme !... (*Haut à ses invités.*) Maintenant,
cachez-vous, grimpez sur les meubles... Le premier
que j'attrape prend ma place ! (*Tous les invités
grimpent sur les meubles.*) Vous y êtes, bien !

SAINT-MARTIN, *à part.*

Pourvu que les autres n'arrivent pas !

CHICHI, *tâtonnant à droite et à gauche.*

C'est pas chic, vous ne parlez pas ! On ne peut pas
se diriger !...

(*Les invités imitent, l'un après l'autre divers cris
d'animaux : chien, chat, canard. Chichi essaie
de les attraper mais sans y réussir. Il y en a
un qui fait le coq*).

CHICHI

Ah ! toi, Chantecler !...

(*Elle veut attraper l'invité qui fait le coq mais,
au même moment, Léchoppier saisit le bras de
Chichi*).

LÉCHOPPIER, *faisant pirouetter Chichi.*

Vive Mme Saint-Martin !

CHICHI, *vivement.*

Ah ! cette fois, vous parlez trop !...

*(Voulant attraper Léchoppier, elle se dirige vers
la petite porte, premier plan gauche, mais, au
même moment, reparaît Mme Bardinet, les
mains embarrassées de paquets).*

MADAME BARDINET, *entrant et s'arrêtant interdite.*

Hein? Qu'est-ce que c'est que ces gens-là?

SAINT-MARTIN, *l'apercevant.*

Crédié ! Ma belle-mère !

CHICHI, *empoignant Mme Bardinet.*

J'en tiens un !

MADAME BARDINET, *terrorisée.*

Le masque aux dents blanches !

CHICHI, *palpant Mme Bardinet.*

C'est Léchepied !

MADAME BARDINET, *ahurie.*

Léchepied ?...

SAINT-MARTIN, *s'avançant par derrière, jette sur la tête
de Mme Bardinet une housse qu'il vient d'enlever
à un fauteuil et dit à Chichi, en dissimulant sa
voix.*

C'est ma belle-mère !

CHICHI, *à part.*

Zut ! La mère Bardinet !

MADAME BARDINET, *tremblant de tous ses membres, avec la housse sur la tête et les bras immobilisés par ses paquets.*

Grâce ! Grâce !

SAINT-MARTIN, *à Chichi.*

Emmène les autres, toi !...

CHICHI, *remontant vivement vers les invités.*

Sauvons-nous dans le jardin !

LÉCHOPPIER

C'est ça ! Très drôle ! Cachons-nous !

SAINT-MARTIN, *faisant pivoter Mme Bardinet.*

Et maintenant, cours après, si tu peux.

(Ils disparaissent tous dans le jardin, en poussant des cris d'animaux qui achèvent de terrifier Mme Bardinet).

SCÈNE XX

Mme BARDINET, *puis* LUCIENNE, *puis* FULCRAN.

MADAME BARDINET, *toujours debout au milieu de la scène.*

Messieurs les cambrioleurs, ne me faites pas de mal !... Tuez plutôt mon gendre, Saint-Martin !...

(Lucienne entre, avec des paquets).

LUCIENNE, *s'arrêtant stupéfaite.*

Eh bien, Maman !... Qu'est-ce que tu fais là ?

MADAME BARDINET

Ah ! Lucienne ! Sauve-toi !

(Lucienne pose ses paquets et se précipite vers sa mère).

LUCIENNE

Qu'est-ce qui t'a mis ça sur les yeux ?

(Elle lui enlève la housse).

MADAME BARDINET, *ahurie et regardant autour d'elle.*

Ils sont partis ! Ah ! mon enfant, c'est affreux !... Le Masque aux dents blanches ! La femme fatale ! Nous sommes en plein cinéma !

(Eclair, et bruit lointain de tonnerre).

LUCIENNE

Tu trembles ! Tu es bouleversée ! Que s'est-il passé ?

MADAME BARDINET

Mon enfant, tandis que tu payais la voiture, je suis entrée ici !... J'ai trouvé le salon envahi par des êtres bizarres, qui étaient grimpés sur les meubles !

LUCIENNE

Tu as rêvé !

MADAME BARDINET

Et puis, le Masque aux dents blanches s'est jeté

sur moi, en criant : « il faut me lécher les pieds ! »
Tandis qu'il me pinçait le derrière !

LUCIENNE, *stupéfaite.*

Maman !... Tu m'inquiètes !...

MADAME BARDINET

Nous sommes en plein drame policier !... La bande
tragique a choisi notre maison pour s'y livrer à ses
saturnales !... Ce soir, il y aura des cadavres dans
toutes les embrasures.

(Eclair et tonnerre).

LUCIENNE, *incrédule.*

Allons, allons !... Tu te montes l'imagination !...
J'ai eu tort de t'emmener hier soir au cinéma !

MADAME BARDINET

Ah !... *(Montrant la table servie.)* Eh bien, regarde
les reliefs du festin !...

LUCIENNE

Du porto !... Du champagne !... Des gâteaux !...
Qui a commandé tout ça ?

MADAME BARDINET

Le Masque aux dents blanches, je te dis !... Nous
sommes perdues !... Saint-Martin doit être étranglé
dans la cave !... Je ne le regrette pas !... Mais je le
pleure, pour la forme !...

LUCIENNE

Voyons, maman, ne noùs affolons pas ! Il faut se rendre compte !...

(A ce moment, Fulcran entre par la droite en coup de vent).

FULCRAN, entrant affolé.

Sauvez-moi ! Sauvez-moi !

LUCIENNE

L'oncle Fulcran !

MADAME BARDINET

Et dans quel état !...

FULCRAN

Donnez-moi à boire ! (Lucienne lui verse du porto.) Merci !... (Il boit mais verse la moitié du champagne, tant il tremble.) Ah ! je l'ai échappée belle !...

LUCIENNE

Que vous est-il arrivé ?

FULCRAN

Un homme me poursuivait qui voulait me tuer !

MADAME BARDINET

Il a vu le masque !

FULCRAN

J'ai réussi à l'attirer dans le grenier des poules, où je l'ai enfermé !... Ah ! quelle journée !
(Saint-Martin reparaît).

SCÈNE XXI

LES MÊMES, SAINT-MARTIN, puis MISS WATSON.

SAINT-MARTIN, *entrant.*
Ouf ! j'ai pu m'échapper !...

MADAME BARDINET
Lui aussi !... Il a pu s'échapper !

SAINT-MARTIN
Sauvez-vous ! Sauvez-vous vite !

MADAME BARDINET
Pourquoi ?

SAINT-MARTIN
Les fous sont lâchés !

FULCRAN, *sursautant.*
Les fous de l'asile voisin ?

SAINT-MARTIN, *montrant les éclairs qui sillonnent*
le ciel.
Oui, surexcités par l'orage, ils ont ligoté leurs gardiens et sont venus ici !

TOUS, *affolés.*
Ah !

SAINT-MARTIN
Sauvez-vous ! Sauvez-vous vite ! (*Ils remontent.*)

Non, pas par là ! Ils y sont !... (*Les poussant vers la gauche.*) Montez à vos chambres ! Allez préparer vos paquets, et rentrez à Paris. Je vous rejoindrai ce soir.

LUCIENNE

Tu ne nous accompagnes pas ?...

SAINT-MARTIN

Impossible ! Il faut que je ferme la villa, que je trouve un concierge ! Filez, filez vite !

> (*Fulcran sort le premier, par la porte de gauche, deuxième plan. A ce moment, Miss Watson, venant du jardin entr'ouvre la porte vitrée du fond. Mme Bardinet et Lucienne, qui allaient partir, s'arrêtent*).

MISS WATSON

Ah ! mon neveu, je venais vous chercher. Je viens d'avoir une idée de génie ! Pour égayer cette fête, je vais faire une conférence. Venez, mon neveu ! Venez !... On vous attend !...

> (*Elle ressort vivement*).

MADAME BARDINET, *ahurie.*

Qui est cette personne ?

SAINT-MARTIN

Une malheureuse de l'asile!... Elle vient de Londres! Pendant la traversée, elle a reçu un paquet de mer sur la tête !

MADAME BARDINET

Un paquet de quoi ?

SAINT-MARTIN

Un paquet de mer ! Une grosse vague !... Ça l'a
rendue complètement folle !

LUCIENNE

Mais elle t'a appelé « mon neveu » !...

SAINT-MARTIN

Elle appelle tout le monde « mon neveu » !... Toujours son paquet de mer ! (*Les poussant.*) Allez !
Allez-vous préparer !

MADAME BARDINET

Ah ! quelle idée d'acheter une propriété à côté de
Villejuif ?

SAINT-MARTIN

Est-ce que je pouvais prévoir ?
(*Mme Bardinet et Lucienne sortent*).

SAINT-MARTIN, *seul.*

Enfin, les voilà décidées ! Ce soir, je serai tranquille
dans mon appartement de Paris !
(*Apparaît Chichi, dans le jardin*).

SCÈNE XXII

SAINT-MARTIN, CHICHI.

CHICHI, *à la cantonade.*

Attendez-moi... Je vais vous faire une surprise épatante !...

> (*Bravos à la cantonade. Chichi entre légèrement paf*).

SAINT-MARTIN, *allant à Chichi.*

Ah ! Chichi ! Ecoute-moi !... C'est fini de rire !... On s'en va !...

CHICHI, *légèrement grise.*

Qu'est-ce que tu me chantes ?... La fête bat son plein !...

> (*Elle se verse un nouveau verre de porto*).

SAINT-MARTIN

J'ai pu décider ma femme et ma belle-mère à filer !...

CHICHI, *riant.*

Ah ! chouette alors ! On ne se quitte plus !...

> (*Elle veut se pendre au cou de Saint-Martin*).

SAINT-MARTIN, *terrifié.*

Regarde-moi un peu !... Mais tu es paf !...

CHICHI, *digne.*

Paf?... Pas du tout!... Je porte très bien le porto!...
Je me sens très gaie !... Très en plumes !... Et je vais
leur montrer quelque chose de bien, à tes invités !

(*Elle va vers sa chambre*).

SAINT-MARTIN, *très inquiet.*

Qu'est-ce que tu vas faire ?...

CHICHI

C'est pas tes oignons ! Je vais leur en mettre plein
l'œil... que je te dis !... Plein l'œil ...

(*Elle rentre dans la chambre*).

SAINT-MARTIN, *seul.*

Qu'est-ce qu'elle va encore faire ? (*Il l'enferme à
clef.*) Comme ça, elle est bouclée !... Et maintenant,
expédions les autres !... (*Il court vers la porte de
gauche.*) Eh bien, vous êtes prêts ?...

(*Reparaissent, avec des sacs, Mme Bardinet, Lucienne et Fulcran*).

SCÈNE XXIII

SAINT-MARTIN, Mme BARDINET, LUCIENNE,

FULCRAN, puis MARIA et LE COMMISSAIRE.

MADAME BARDINET, *inquiète.*

On peut se risquer ?

SAINT-MARTIN

Oui, oui ! (*Montrant le jardin.*) Les fous sont tou-jours là. On est allé chercher les gardiens.

MADAME BARDINET

Je n'assisterai pas à ça !

LUCIENNE

Moi non plus !...

FULCRAN

Ce que j'ai vu me suffit !...

SAINT-MARTIN

Partez vite !

(*Ils vont sortir. Maria apparaît, à la porte du jardin*).

MARIA, *de la porte.*

Monsieur, il y a là un monsieur qui dit comme ça qu'il est le commissaire de police !

SAINT-MARTIN, *à part.*

Je l'avais oublié !

MADAME BARDINET

Sauvés !

SAINT-MARTIN, *à part.*

Foutu !

FULCRAN, *vivement.*

Comment, foutu ?

SAINT-MARTIN

Mais oui ! C'est un des fous ! Il se croit le commissaire, celui-là !

MADAME BARDINET

Vous n'allez pas le recevoir !

SAINT-MARTIN

Mais si ! Sans ça, il casserait tout ! (*Il fait signe à la bonne.*) Mais rassurez-vous, quand on ne le contrarie pas, il n'est pas méchant !

(*Maria introduit le commissaire, tandis que Mme Bardinet, Lucienne et Fulcran se cachent derrière une table*).

LE COMMISSAIRE, *entrant et saluant.*

Mesdames ! Messieurs !

MADAME BARDINET

Oh ! qu'il a l'air mauvais !

LE COMMISSAIRE

On m'a fait demander d'urgence !... Me voici !... (*Apercevant les personnages.*) Mais qu'ont donc ces personnes à me regarder ainsi ?

SAINT-MARTIN, *à mi-voix.*

Ne faites pas attention, M. le Commissaire ! Ce sont des pensionnaires de Villejuif !

LE COMMISSAIRE, *terrifié.*

Ah !...

SAINT-MARTIN

C'est leur jour de sortie ! Il ne faut pas les contrarier !

(*Le commissaire et les autres se regardent, tout tremblants, en se faisant des risettes*).

SAINT-MARTIN, *affectant la désinvolture.*

Vous accepterez bien une tasse de thé, M. le Commissaire ?...

LE COMMISSAIRE

Certainement !... Avec plaisir ! Mais dans le jardin, alors !

(*Il remonte vivement, en courant, et sort*).

SCÈNE XXIV

SAINT-MARTIN, Mme BARDINET, LUCIENNE, FULCRAN, puis COQUEREL.

MADAME BARDINET

Je ne veux pas rester une minute de plus ici ! Partons !

LUCIENNE

Venez, mon oncle !

FULCRAN

Mais, ma fiancée ?...

MADAME BARDINET, *surprise*.

Votre fiancée ?

LUCIENNE, *idem*.

Qu'est-ce que vous dites ?

FULCRAN

Vous savez bien que j'ai choisi...

SAINT-MARTIN, *les poussant*.

Oui ! oui ! Choisy ! Choisy le Roi ! Tout le monde
descend !

(*Il le pousse vers la porte, premier plan gauche,
par laquelle apparaît Coquerel, couvert de fétus
de paille*).

FULCRAN, *reculant, épouvanté*.

Ah! le fou du poulailler !

SAINT-MARTIN

Zut, Coquerel !

TOUS

Sauve qui peut ! Sauve qui peut !

COQUEREL, *à Fulcran*.

Ah, tu m'as enfermé dans le poulailler, toi? J'aurai
ta peau !

(*Saint-Martin pousse les dames et Fulcran vers la
salle à manger et, après avoir fait tomber des
chaises sur le passage de Coquerel, sort, à la
suite des autres, en verrouillant la porte sur le
nez de son ami*).

COQUEREL, *courant après Saint-Martin.*

Saint-Martin !... Saint-Martin ! (*Il va à la porte et la secouant.*) Fermée à clef ! (*Furieux.*) Ça continue alors ?

(*Chichi dans sa chambre, se met à secouer la porte*).

LA VOIX DE CHICHI

Ah ! il m'a enfermée !... Ouvre-moi !... Saint-Martin, ouvre-moi !...

COQUEREL

Mais c'est la voix de Chichi !

LA VOIX DE CHICHI

Ah ! ça, veux-tu ouvrir ? Veux-tu ouvrir ?

(*Coquerel va à la porte que Chichi secoue et ouvre. Chichi, sort, furieuse, en costume russe*).

SCÈNE XXV

COQUEREL, CHICHI, *puis* LES INVITÉS, *puis* SAINT-MARTIN, Mme BARDINET, LUCIENNE *et* FULCRAN.

CHICHI

En voilà une sale blague !

COQUEREL

Ah, te revoilà, toi ?... Mais qu'est-ce que c'est que ce costume ?

CHICHI

C'est pour danser !... Je vais danser la Monzouzoff
à mes invités !...

COQUEREL

A tes invités ?...

CHICHI

Parfaitement !... Tu ne le sais peut-être pas ? Je
suis la patronne, ici !...

COQUEREL

Hein ?... Quoi ?

CHICHI

Je suis Mme Saint-Martin !

COQUEREL, *ahuri.*

Tu es Mme Saint-Martin... maintenant ?...
(*Bruit d'averse. Cris au dehors*).

CHICHI

Tiens, v'là mes invités qui radinent !... Tu vas
voir si je suis Mme Saint-Martin !

COQUEREL, *à lui-même.*

Y a pas !... Je dois rêver !...

CHICHI

Entrez, mes enfants, entrez !
(*Apparition des invités, les dames avec leurs
jupes retroussées sur la tête*).

LE CAPITAINE

Ah ! quelle pluie !

LA RECEVEUSE

Quelle averse !...

UNE INVITÉE

N'en jetez plus !...

MISS WATSON

Rentrons ! Rentrons vite !...

LA DIRECTRICE, *navrée.*

Oh ! quel dommage !... Ce garden-party était déli-
cieux !...

CHICHI, *vivement.*

Te désole pas, la laïque !... (*Aux invités.*) En attendant, je vais vous donner mon numéro des Folies Ber-
gères « La Monsouzoff » !

CHICHI, *passant un morceau de musique
à la Directrice.*

Tiens, accompagne-moi !...

LÉCHOPPIER, *à Coquerel.*

Mme Saint-Martin perd la tête !

COQUEREL

Mme Saint-Martin ? Ah ça, qu'est-ce que vous me
racontez là, vous aussi ?... Mais c'est Chichi, ma maîtresse !...

LÉCHOPPIER et MISS WATSON, *sursautant.*

Votre maîtresse ! Oh ! par exemple !

(L'institutrice, qui a gagné le piano, attaque la
musique, tandis que Léchoppier, Coquerel et
Miss Watson continuent à discuter).

CHICHI

Place ! Place, Léchepied ! Et en avant la musique!

(Elle se met à danser. A ce moment, apparaît,
comme un fou, Saint-Martin. Il se précipite vers
Chichi).

SAINT-MARTIN

Arrêtez ! Arrêtez ! Ma belle-mère revient avec ma
femme !

MISS WATSON et LÉCHOPPIER, *ahuris.*

Sa femme !

COQUEREL, *idem.*

Qu'est-ce que cela veut dire ?

SAINT-MARTIN

Fulcran a parlé !... Elles savent tout !... Foutez le
camp ! Foutez le camp !... *(Ils poussent les invités*
ahuris et qui protestent. Au même moment, apparaît
Mme Bardinet, suivie de Lucienne.) Trop tard !...

MADAME BARDINET, *indignée.*

Ah ! j'en étais sûre !

LUCIENNE

Maman ! Maman ! Il me trompait !

(Elle pique une crise de nerfs dans les bras de sa mère).

FULCRAN, *désolé.*

Ma fifi... ma fifi !...

(Il défaille dans les bras de Miss Watson et de Léchoppier).

CHICHI

Comme ça, c'est gagné !

(Chichi qui a fini sa danse tombe dans les bras de Saint-Martin. Tolle général).

RIDEAU

ACTE TROISIÈME

La salle à manger de l'Hôtel de la Gare, à Choisy-le-Roy. A droite, deux portes de chambre. A gauche, en pan coupé, une large baie donnant sur le café, que l'on aperçoit derrière une porte battante. Au fond, fenêtres donnant sur la place de la gare. Devant les fenêtres, des tables et des chaises. Au milieu de la salle, une table avec une nappe. Une petite porte à gauche, premier plan.

SCÈNE I

Mme ANGLOCHÈRE, LÉOCADIE, RIBOUIS.

Puis LÉCHOPPIER.

(Une demi-heure après le premier acte. Au lever du rideau, un homme d'équipe consomme à une table du fond, tandis que Léocadie, la bonne, range le couvert sur la table du milieu).

MADAME ANGLOCHÈRE, *entrant du café.*

M. Ribouis, dépêchez-vous de finir votre apéro. Vous allez être en retard.

RIBOUIS

Oh ! pas si vite, Mme Anglochère ! Je savoure mon Picon ! C'est le seul bon moment de la journée !...

MADAME ANGLOCHÈRE

A votre aise!... Mais je vous préviens... le 255 va passer !...

RIBOUIS

Vous croyez ?

MADAME ANGLOCHÈRE, *regardant par la fenêtre.*

Tenez, voilà des voyageurs qui courent vers la gare ! Ils le rateront, eux aussi !

RIBOUIS

C'est la vie !... (*Tirant sa montre.*) Mais c'est ma foi vrai !... Il est sept heures ! Et le 255 va s'arrêter à Choisy dans quelques secondes !... Bah ! Comme il est généralement en retard d'un quart d'heure!... (*A ce moment, on entend le sifflet de la locomotive d'un train.*) Oh' ! zut ! le voilà !

LÉOCADIE

On vous l'avait dit !

RIBOUIS

Un train qui arrive à l'heure !... Y a plus de Bon Dieu !...

(*Il veut boire d'un trait son apéritif et s'étrangle*).

LÉOCADIE

Oh ! Il s'étrangle !... (*Se précipitant.*) M. Ribouis !

MADAME ANGLOCHÈRE, *id.*

M. Ribouis !

(*Toutes deux se mettent à taper dans le dos de
Ribouis*).

RIBOUIS, *affolé.*

Je le manque !... Bon Dieu, je le manque ! Mar-
quez-moi ça, Mme Anglochère !

(*Il court vers la porte, mais, au même instant, on
entend un nouveau sifflet de locomotive*).

LÉOCADIE

Trop tard !

(*Bruit du train qui repart*).

RIBOUIS

Ça y est !... J'ai raté mon service !... Maintenant,
je suis tranquille !

(*Il revient à sa table, se rassied et continue à
prendre son picon. Apparaît, par la porte du
café, M. Léchoppier*).

LÉCHOPPIER, *entrant.*

Ah ! Mme Anglochère !

MADAME ANGLOCHÈRE, *s'empressant.*

M. Léchoppier ?

LÉCHOPPIER

Je vous amène une famille qui a manqué le train
de Paris et qui voudrait se reposer quelques instants.

LÉCHOPPIER

Je vais les chercher.

(Léchoppier retourne à la porte du café).

RIBOUIS, *payant.*

Tenez, Mme Anglochère, v'là pour mon Picon !

MADAME ANGLOCHÈRE

Merci, m'sieur Ribouis... Et, vous savez, pour la prochaine fois, tâchez de prendre l'heure de la gare.

RIBOUIS

J'y songerai.

(Il se lève pour sortir. Au même instant, rentre Léchoppier, suivi de Fulcran, Lucienne, Mme Bardinet et Miss Watson, portant des sacs de voyage. Ribouis s'éloigne aussitôt qu'ils sont entrés).

SCÈNE II

LÉCHOPPIER, Mme BARDINET, FULCRAN, MISS WATSON, LUCIENNE, Mme ANGLOCHÈRE, LÉOCADIE.

LÉCHOPPIER, *entrant.*

Venez par ici, Mesdames !

MADAME BARDINET, *furieuse.*

Le train est manqué !

MISS WATSON

Oui ! Et il va falloir attendre une heure dans cette auberge !

LUCIENNE

Oh !... Je bous !... Je bous !...

FULCRAN, *s'asseyant.*

Mon cœur est brisé!... J'avais entrevu le bonheur!...

MADAME BARDINET

Oh ! l'oncle Fulcran, fichez-moi la paix !
(*Mme Anglochère s'approche*).

MADAME ANGLOCHÈRE

Ces messieurs et dames veulent-ils prendre quelque chose ?

LÉCHOPPIER

Oui... Cinq orgeats !

MADAME ANGLOCHÈRE

Je vais vous faire servir.

(*Mme Anglochère retourne dans le café pour préparer la commande*).

FULCRAN

De l'orgeat !... C'est ça qui est excitant !

11

MADAME BARDINET

Ça vous calmera ! Tout ce qui nous est arrivé est de votre faute !...

FULCRAN

De ma faute ?

MADAME BARDINET

Parfaitement ! Si vous n'aviez pas amené cette créature chez nous, nous vivrions encore heureux !

FULCRAN

Pouvais-je prévoir ?

MADAME BARDINET, *à Lucienne.*

Oh ! Et dire que ton mari a osé accueillir cette fille sous le toit conjugal !... Qu'il l'a présentée, comme sa femme, devant tout Choisy !...

LUCIENNE

Et pendant que nous nous sauvions, il restait là-bas, pour soigner sa maîtresse !

LÉCHOPPIER

Qui était grise !... Ah ! ce Saint-Martin, s'est-il assez moqué de nous !... De moi surtout !... Dès demain, il sera révoqué !...

FULCRAN, *se levant.*

Mon cœur est brisé !...

MADAME BARDINET, *exaspérée.*

Oui, on le sait !... Asseyez-vous !...

FULCRAN

Ma fiancée était la maîtresse de mon neveu ! Quelle situation cornélienne ! Décidément, il n'y a plus de saintes !...

LÉOCADIE *arrive du café avec un plateau.*
Voici l'orgeat.

LÉCHOPPIER

Enfin, on va se rafraîchir honnêtement !... (*Aux dames.*) Vous permettez que je vous serve ?

MISS WATSON

Mais avec plaisir !

(*Léchoppier sert des orgeats, tandis que Fulcran attrape par le bas de sa jupe la bonne qui s'apprêtait à sortir*).

FULCRAN, *à Léocadie.*

Mon enfant, un mot seulement ?

LÉOCADIE

Monsieur désire ?

FULCRAN

Je voudrais me pencher sur votre âme !... Vous n'êtes pas heureuse ?

LÉOCADIE

Est-ce que je vous demande la couleur de vos bas ?... En voilà un vieux rigolo !
(*Elle s'éloigne*).

FULCRAN, *vivement.*

Ecoutez-moi, mademoiselle... J'ai encore 380.000 francs !

(Il sort à la suite de la bonne. Pendant ce temps, Léchoppier a achevé de servir les orgeats).

SCÈNE III

LES MÊMES, moins FULCRAN et LÉOCADIE.

LÉCHOPPIER *à Lucienne.*

Maintenant, Madame, excusez-moi. Mais c'est un grand ami qui vous parle. Je désirerais connaître vos intentions.

LUCIENNE

Vous ne pensez pas que je resterai la femme de ce monsieur ?

MADAME BARDINET

Oh ! non ! Elle ne le restera pas !

LUCIENNE

Je divorcerai.

MISS WATSON

Oui, il le faut !

LUCIENNE

Et je resterai seule !

LÉCHOPPIER

Non, mon enfant !... Vous vous remarierez !...

LUCIENNE, *vivement.*

Me remarier !... Ah ! non, par exemple ! Je sors d'en prendre !

MADAME BARDINET

Encore un gendre !... Je deviendrais enragée !....

LÉCHOPPIER

Madame, le devoir de la femme est de fonder une famille ! Même si elle doit rendre un homme malheureux !...

MISS WATSON

Bravo !... Vous parlez d'or, M. Léchepied !...

LÉCHOPPIER, *rectifiant.*

Pardon ! Léchoppier, avec deux p !... C'est un détail !... Mais j'y tiens !...

(Pendant ce temps, l'homme d'équipe a reparu dans le café et parlé avec animation à Mme Anglochère qui rentre dans la salle à manger).

SCÈNE IV

LES MÊMES, Mme ANGLOCHÈRE. Puis FULCRAN

et LÉOCADIE.

MADAME ANGLOCHÈRE

Mesdames, messieurs, j'ai une mauvaise nouvelle à vous annoncer.

MADAME BARDINET

C'est le jour, allez-y !...

MADAME ANGLOCHÈRE

Il n'y a plus de train pour Paris avant demain matin, six heures.

LÉCHOPPIER, *furieux.*

De quel droit ?

MADAME ANGLOCHÈRE

Il y a eu un accident sur la voie ! Le 255 est bloqué par le 256 qui est lui-même bloqué par le 257 !... (*Elle s'éloigne*).

MISS WATSON

La voilà, l'organisation des hommes !

LUCIENNE

C'est gai !... Et moi qui n'en peux plus !... (*Elle s'assied*).

MADAME BARDINET

Qu'est-ce que nous allons faire ?

LÉCHOPPIER

Mesdames, pour vous distraire, j'ai bien une idée !

MISS WATSON

C'est rare, chez un homme !

LÉCHOPPIER

Vous savez que je dois présider, à huit heures, à la
mairie, une conférence morale? Je vous y invite tous,
et nous souperons au retour.

MADAME BARDINET

Si c'est tout ce que vous avez sur vous, comme
distraction ?

LÉCHOPPIER, *vexé.*

Mais je dois prononcer un discours !

MISS WATSON

All right !... Je parlerai aussi !... Contre les fils de
Bélial !... Nous vous accompagnerons.

LUCIENNE

Oh moi, je suis trop fatiguée !...

MADAME BARDINET *à Mme Anglochère.*

Est-ce que vous pouvez nous coucher ?

MADAME ANGLOCHÈRE

Certainement, madame. (*Montrant la porte de
droite, deuxième plan.*) J'ai d'abord cette chambre,

la meilleure de l'hôtel !... La seule au rez-de-chaus-
sée !...

(*Elle entr'ouvre la porte*).

MADAME BARDINET *à sa fille.*

Prends-la, Lucienne !... Tu as été si secouée par
les émotions de cette journée, qu'il faut que tu te
reposes !...

LUCIENNE

Merci, maman.

(*Elle veut prendre son sac*).

MADAME ANGLOCHÈRE, *vivement.*

Laissez donc, madame ! La bonne va vous le porter.
(*Prenant un registre.*) Pardon, Madame, qui dois-je
inscrire ?

LUCIENNE

Mme Saint-Martin !... (*Avec rage.*) Plus pour longtemps !...

MADAME ANGLOCHÈRE, *inscrivant.*

Bien, Madame.

LUCIENNE

Allons, je vais m'étendre et tâcher de dormir... si
je peux !

MADAME BARDINET

Va, ma fille, va !

(*Lucienne entre dans la chambre 2e plan, droite*).

MADAME ANGLOCHÈRE, *appelant.*

Léocadie ?... Léocadie ?... Mais où est donc cette fille ?... Pour les autres chambres, c'est au premier. (*Montrant la petite porte 1er plan gauche.*) Si ces personnes veulent me suivre ?...

MADAME BARDINET

Allons ! (*Poussant un cri.*) Ah ! mon Dieu ! Nous avons perdu l'oncle Fulcran !...

LÉCHOPPIER

Négligeons-le !

MADAME BARDINET

Vous êtes bon !... 400.000 francs qui se balladent !... Où peut-il être ?

(*Au même instant, venant du café, Fulcran apparaît poursuivant la bonne*).

TOUS, *indignés.*

Oh !

(*Fulcran saisit la bonne par la taille et l'embrasse. Mme Anglochère se précipite pour les séparer*).

MADAME ANGLOCHÈRE *à Léocadie.*

Vous n'avez pas honte, avec Monsieur !...

LÉOCADIE

Mais, madame, c'est lui !...

MADAME ANGLOCHÈRE

Bien entendu, c'est lui !.(*Montrant le sac de Lucienne*). Allons, prenez ce sac et portez-le dans la chambre de Madame !

(*Elle lui désigne la porte 2e plan, droite*).

FULCRAN

J'ai retrouvé une raison de vivre !... J'épouse la bonne !

LÉOCADIE

Je suis mariée !

(*Elle entre dans la chambre de Lucienne*).

FULCRAN, *navré.*

Oh! Elle est mariée, et elle ne me l'avait pas dit!...

MADAME ANGLOCHÈRE, *montrant la petite porte.*

Voulez-vous venir voir les autres chambres ?

LÉCHOPPIER

Votre bras, Miss Watson ?

MISS WATSON, *minaudant.*

Avec joie, M. Léchoppier !

(*Ils sortent*).

MADAME BARDINET, *poussant Fulcran.*

Allons, passez devant, vieux polisson !... On va vous coucher !

FULCRAN, *ému*.

Oh ! Mme Bardinet ! Mais vous me bousculez !...
Est-ce que vous seriez aussi une sainte ?

MADAME BARDINET

Quel tempérament vous avez pour votre âge !

FULCRAN

C'est vrai !... Coupez-moi la tête, j'ai le corps d'un
homme de vingt ans !...

MADAME BARDINET

Et l'esprit d'un enfant de cinq ans! Allons, suivez-
moi, jeune homme !

FULCRAN, *très excité.*

Jeune homme ! (*Elle sort.*) Mais Mme Bardinet est
encore très bien pour son âge! (*La suivant.*) Aglaé?...
Aglaé ?...

(*Il sort à la suite de Mme Bardinet. Léocadie
ressort de la chambre de Lucienne*).

SCÈNE V

LÉOCADIE, puis SAINT-MARTIN et CHICHI.

LÉOCADIE, *sortant de la chambre.*

Bonsoir, madame ! Madame a bien compris ?...
Pour la lumière, le communicateur est là, contre la
porte ! (*Elle referme la porte et prenant le plateau.*)

A-t-on jamais vu ?... Ce vieux dégoûtant qui me fait attraper !...

(*A ce moment, Saint-Martin arrive de dehors avec Chichi. Ils ont des sacs*).

SAINT-MARTIN, *entrant.*

Ah ! Mademoiselle ?...

LÉOCADIE

Monsieur désire ?

SAINT-MARTIN

Avez-vous une chambre ?

CHICHI, *vivement.*

Elle n'en a pas !... Elle n'en a pas ! (*A Léocadie.*) Vous n'en avez pas, hein ?

LÉOCADIE

Pardon, Madame ! La patronne est en train d'installer là-haut un tas de voyageurs ! Je vais la prévenir ! Si vous voulez vous asseoir !... Elle sera là dans un instant !

(*Elle sort par la porte du café*).

SCÈNE VI.

SAINT-MARTIN, CHICHI.

CHICHI

Tu vois ! J'aurais mieux fait de rester chez toi !... L'hôtel est plein !...

SAINT-MARTIN

Chichi ?... Tu n'es pas une méchante fille ?...

CHICHI

Ça non ! J'ai toujours fait plaisir à tout le monde !

SAINT-MARTIN

Alors, rends-toi compte que tu as fait un scandale qui va bouleverser ma vie !

CHICHI

J'avais une excuse !... J'étais paf !... Je ne supporte pas le porto !...

SAINT-MARTIN

Pourquoi en bois-tu ?

CHICHI

Mais parce que je l'aime !

SAINT-MARTIN

Tu étais dans un état! J'ai été obligé de te coucher!

CHICHI

Et tu n'en as même pas profité ! C'est vexant pour une femme !

SAINT-MARTIN

Si tu crois que je pensais à ça ?

CHICHI

Tu n'es jamais à la page !... Je t'aurais peut-être ranimé !

SAINT-MARTIN

Mille regrets !... J'aime ma femme !

CHICHI

Pompier, va ! Tiens, tu es le premier homme marié qui n'ait pas deux ménages !... Il faut te citer à l'ordre du jour des civils !...

SAINT-MARTIN, *haussant les épaules.*

C'est malin !... Enfin, qu'est-ce que tu comptes faire, maintenant ?

CHICHI

Je ne sais pas, moi !... Je ne puis pas vivre sans amant !... Ma nature a horreur du vide !... Trouve-moi un amant !...

SAINT-MARTIN

Prends le Bottin !

CHICHI

Ah ! Sois poli, hein ?

SAINT-MARTIN

Un amant !... Je n'ai pas ça sous la main !...

CHICHI

Alors, je retombe sur toi !...

SAINT-MARTIN, *exaspéré.*

Oh ! quand tu as quelque chose dans la tête !... Eh bien, c'est entendu, là !... Je ferai passer des annonces !

CHICHI

A la bonne heure !

SAINT-MARTIN

Mais, en attendant, tu vas prendre le premier train!

(Reparaît Mme Anglochère).

SCÈNE VII

LES MÊMES, Mme ANGLOCHÈRE, puis LÉOCADIE.

MADAME ANGLOCHÈRE, *entrant.*

Bonjour, monsieur et madame !... Monsieur et madame désirent ?

SAINT-MARTIN

Madame, il me faut une chambre.

MADAME ANGLOCHÈRE

Il n'y en a plus.

CHICHI, *à Saint-Martin.*

Tu vois !... Rentrons chez toi !

SAINT-MARTIN, *avec énergie.*

Madame, il me faut une chambre à tout prix !

MADAME ANGLOCHÈRE

Il n'y a plus que la mienne, là !

(Elle montre la porte du 1ᵉʳ plan, droite).

SAINT-MARTIN

Je la prends !... Tenez, voilà cinquante francs !...

MADAME ANGLOCHÈRE, *vivement.*

Ah ! dans ce cas, je vous la cède !... Je coucherai chez l'habitant !

CHICHI

Mes compliments pour l'habitant !...

MADAME ANGLOCHÈRE, *flattée.*

Madame est bien aimable!... (*Appelant.*) Léocadie?

LÉOCADIE, *accourant du café.*

Madame ?...

MADAME ANGLOCHÈRE

Vite !... Préparez ma chambre !...

LÉOCADIE, *surprise.*

La chambre de Madame ?

MADAME ANGLOCHÈRE

Oui ! Allons, vite !

(*Elles entrent dans la chambre*).

CHICHI

Tu vois si je suis docile !

SAINT-MARTIN

Je t'en remercie.

CHICHI

Au fond, je fais tout ce qu'on veut, moi ! Allons,
tiens, prend le sac et viens faire dodo !

SAINT-MARTIN

Ça, jamais de la vie, par exemple !

CHICHI

Comment, tu vas me laisser dormir seule ?

SAINT-MARTIN

Tu parles !

CHICHI

Mais où vas-tu aller, toi ?

SAINT-MARTIN

A Paris.

CHICHI

Ce soir ? Mais il n'y a plus de train !

SAINT-MARTIN

Ça m'est égal ! J'irai à pied... ou sur les mains...
ou sur le nez... mais j'irai !... J'ai hâte de retrouver
ma femme et de tout lui expliquer. Espérons qu'elle
me pardonnera !...

CHICHI

Espérons-le !

(*Mme Anglochère reparaît*).

MADAME ANGLOCHÈRE

Voilà. J'ai donné des draps... On refait le lit... Si Madame veut venir ?

CHICHI, *prenant ses sacs.*

Voilà, madame la patronne. (*S'arrêtant.*) Oh ! sapristi !... (*A Saint-Martin.*) J'ai laissé chez toi mon sac de nuit !

SAINT-MARTIN

Ton sac de nuit ?

CHICHI

Oui ! Celui où il y a ma chemise rose. Je ne peux pas dormir sans ma chemise rose !...

SAINT-MARTIN

Oh ! quel cauchemar !... C'est bien, je vais te le chercher, ton sac de nuit ! Mais couche-toi toujours !

MADAME ANGLOCHÈRE

Allez, monsieur, allez ! On aura bien soin de votre dame.

SAINT-MARTIN, *sortant.*

Et surtout, ne lui donnez pas de porto !

MADAME ANGLOCHÈRE

Pourquoi ?

SAINT-MARTIN

Ça l'empêche de dormir !

(*Il sort*).

SCÈNE VIII

LES MÊMES, moins SAINT-MARTIN.

MADAME ANGLOCHÈRE

Il vous aime bien, votre mari !...

CHICHI

S'il m'aime !... C'en est consternant ! (*Allant vers la porte.*) Voyons la carrée !

MADAME ANGLOCHÈRE

Je vous demande pardon !... Une petite formalité ! (*Prenant le registre sur la table.*) Qui dois-je inscrire?

CHICHI

Vous y tenez ?

MADAME ANGLOCHÈRE

C'est obligatoire !... Les règlements sont formels!... Nous disons ?

CHICHI, *cherchant.*

Eh bien, inscrivez... inscrivez... Prince et princesse Monsouzoff... Voilà !

MADAME ANGLOCHÈRE, *éblouie.*

Prince et princesse Monsouzoff !

CHICHI

Oui, ma chère !

MADAME ANGLOCHÈRE, *qui a inscrit.*

Je suis très honorée de recevoir chez moi des personnes de première qualité.

CHICHI

Ah ! dame ! Y a du pied dans la chaussette !
(*Léocadie reparaît*).

LÉOCADIE

Voilà !... Ça y est !... Le lit est paré !...

CHICHI

Montrez-moi la carrée !...

MADAME ANGLOCHÈRE

Entrez, princesse... Je vais vous installer.

CHICHI, *vivement.*

Oh ! Ne vous dérangez pas pour moi, allez !... Je me débrouillerai bien toute seule !

MADAME ANGLOCHÈRE

Comme vous voudrez, princesse !

CHICHI

Allons, bonsoir madame !... Et s'il me vient de beaux rêves, je vous en enverrai un petit colis...
(*Elle entre dans la chambre dont elle referme la porte sur elle*).

MADAME ANGLOCHÈRE

Elle est charmante, cette princesse !... Ce doit être une jeune mariée !... (*Violent coup de sonnette.*) Ah ! on sonne au premier !... Il doit leur manquer quelque chose !... Je vais aller voir ! (*Tout en s'éloignant, à Léocadie.*) Vous éteindrez le café.

LÉOCADIE

Bien, madame ! (*Mme Anglochère sort par le 1er plan gauche.*) Ben, vrai, il y en a un populo, ce soir!... Je crois que c'est barré pour le sommeil.

(*A ce moment, venant du dehors, apparaît Coquerel*).

SCÈNE IX

LÉOCADIE, COQUEREL.

COQUEREL, *entrant.*

Quelle sale administration ! Il n'y a plus de train !

LÉOCADIE, *s'avançant.*

Si c'est une chambre que Monsieur désire, il n'y en a plus non plus !

COQUEREL

Charmant !

LÉOCADIE

La dernière vient d'être prise.

COQUEREL

C'est bien ma veine ! Et il y a deux heures que je traîne dans tout Choisy comme une âme en peine !...

LÉOCADIE

Si Monsieur veut le billard ?

COQUEREL

Merci, je ne joue pas.

LÉOCADIE

Non, pour dormir !...

COQUEREL

Si c'est tout ce qui reste !

LÉOCADIE, *vivement.*

Ah !... Seulement, je préviens monsieur !... Il faudra qu'il consomme, et, à cette heure, c'est...

COQUEREL

Combien ?

LÉOCADIE

Une vieille fine, deux francs !

COQUEREL

Ça m'est égal !...

LÉOCADIE

Alors, monsieur, je vais vous servir.

(*Elle va au comptoir du café, tandis que Coquerel s'assied*).

COQUEREL

C'est ça !... Ah ! Ce Saint-Martin !... Je comprends pourquoi il m'avait décollé de Chichi !... C'était pour se l'approprier !... Oh ! le mufle !... Le traître !... Le faux ami !

(Léocadie revient avec la bouteille).

LÉOCADIE

Voilà la fine !

COQUEREL, *lugubre.*

Merci, mademoiselle ! *(Buvant et faisant la grimace.)* Elle n'est pas bonne !

LÉOCADIE

A cette heure-ci ! *(Un petit temps. Coquerel boit un autre verre et soupire.)* Dites donc, vous n'avez pas l'air bien gai !...

COQUEREL

Hélas, non, mademoiselle !...

LÉOCADIE, *lui poussant le coude.*

Mais si monsieur avait besoin d'une consolation?... *(Clignant de l'œil.)* Ma chambre est au troisième !...

COQUEREL, *tout en buvant.*

C'est trop haut pour moi !... Ou trop bas !...

LÉOCADIE

Ce que j'en disais, c'était pour le bon renom de la

maison. (*Gagnant la petite porte* **1er** *plan gauche et lui faisant de nouveau de l'œil.*) Au troisième !
(*Elle sort*).

SCÈNE X

COQUEREL, puis LUCIENNE.

COQUEREL, *seul.*

Qu'est-ce que je vais faire jusqu'au premier train ? Je n'ai pas envie de dormir !
(*Au même instant, Lucienne sort de sa chambre.*)

LUCIENNE

Je n'ai pas envie de dormir !

COQUEREL, *se retournant.*

Tiens, il y a de l'écho !... (*Apercevant Lucienne et se levant.*) Oh ! Mme Saint-Martin !

LUCIENNE

M. Coquerel ! Qu'est-ce que vous faites-là ?

COQUEREL

Rien !

LUCIENNE

Moi aussi !

COQUEREL

Ma destinée m'a rejeté ici... Et je bois de la fine,

en méditant cette pensée d'un grand philosophe : « A
la gare, les ballots ! »

LUCIENNE, *avec colère.*

Ah ! ce Saint-Martin !

COQUEREL

Et cette Chichi !... Se sont-ils assez moqués de
nous !

LUCIENNE

Je ne veux pas être ridicule ! Je divorcerai, vous
entendez !...

COQUEREL

C'est déjà quelque chose !

LUCIENNE, *vivement.*

Oh ! mais ce n'est pas tout !... Il m'a trompée !...
Je vais le tromper !... Et tout de suite !...

COQUEREL

Bravo ! Et avec qui ?

LUCIENNE

Avec le premier imbécile venu !... Vous !

COQUEREL, *surpris.*

Moi ?

LUCIENNE

Mais évidemment ! Vous avez à vous venger, vous
aussi !... Vengeons-nous ensemble !

COQUEREL

Mais, madame !...

LUCIENNE

Ah ! monsieur, je vous en prie, pas de chichis !

COQUEREL, *sursautant.*

Hein ?

LUCIENNE

Vous me déplaisez plutôt !... Vous n'êtes pas beau !...

COQUEREL

Ça va !... Ça va !...

LUCIENNE

Nous parlons franchement !...

COQUEREL

Evidemment !... Restez couvert !...

LUCIENNE

Moi, sans doute, je ne vous conviens pas.

COQUEREL, *vivement.*

Madame, vous vous trompez ! Vous êtes délicieuse!

LUCIENNE

Peu importe ! Nous ne sommes pas ici pour le plaisir !... Il faut se venger, on se venge !... Et demain, on ne se reverra plus!... Je vous préviens même que je vous ai en horreur !...

COQUEREL, *un peu vexé*.

Là, madame, vous exagérez !

LUCIENNE

Moi, je ne vous accepte que comme une médecine,
que l'on prend en fermant les yeux !

COQUEREL

Oui. Ça se chante !... (*Chantonnant.*) « En fermant
les yeux... »

LUCIENNE

Pas de facéties, monsieur, et embrassez-moi.

COQUEREL

Voilà, madame, voilà !

(*Il l'embrasse*).

(*A ce moment, par la petite porte de gauche,
reparaissent Mme Bardinet, Miss Watson et
Léchoppier en habit. Lucienne et Coquerel se
séparent vivement, mais Léchoppier les a vus
et se détourne pudiquement*).

SCÈNE XI

*LES MÊMES, LÉCHOPPIER, Mme BARDINET,
MISS WATSON, puis Mme ANGLOCHÈRE.*

LÉCHOPPIER

Voilà ! Nous sommes prêts !

MADAME BARDINET *à Lucienne.*

Tiens, tu ne t'es donc pas couchée ?

LUCIENNE

Je n'avais pas sommeil.

MADAME BARDINET, *apercevant Coquerel.*

Tiens, M. Coquerel !... Bonsoir, M. Coquerel !

COQUEREL, *s'inclinant.*

Madame !...

LÉCHOPPIER, *vivement.*

Allons, partons pour la conférence !...

LUCIENNE

Vous n'emmenez pas Fulcran ?... Où est-il donc ?

MADAME   BARDINET

Je l'ai fourré au lit, avec du tilleul !...

LÉCHOPPIER

Allons, allons, partons !... (*A Lucienne.*) Vous ne
vous décidez pas à nous accompagner, chère Madame?

LUCIENNE

Non, j'ai la migraine !

LÉCHOPPIER

Ah ! (*A Coquerel.*) Et vous, monsieur ?

COQUEREL

Volontiers !... Mais quelques pas seulement !...

LÉCHOPPIER

Seulement ?

COQUEREL

Oui, j'ai aussi la migraine !...

LÉCHOPPIER

Ah ! la même ?

COQUEREL, *embarrassé.*

Oui, non !

LÉCHOPPIER, *à part.*

Curieuse coïncidence !

MADAME BARDINET

Voyons, Lucienne, accompagne-nous. Tu vas t'ennuyer toute seule !...

LUCIENNE, *d'un air entendu.*

Oh ! Je m'occuperai, en votre absence !...

LÉCHOPPIER

Tiens, tiens ! (*Appelant.*) Mme Anglochère ?

MADAME ANGLOCHÈRE, *accourant du café.*

Voilà !

LÉCHOPPIER

Dites-moi, voudriez-vous être assez aimable pour tenir compagnie à madame, pendant que nous allons à la réunion ?

MADAME ANGLOCHÈRE

Mais certainement, M. Léchoppier !... Toutefois, il y a dans l'hôtel des gens avec qui madame passerait plus agréablement sa soirée !

LUCIENNE

Mais je n'ai pas besoin...

LÉCHOPPIER

Attendez donc!... (A Mme Anglochère.) Qui est-ce?

MADAME ANGLOCHÈRE

Des gens très bien, des nobles, qui sont arrivés tout à l'heure.

LÉCHOPPIER

Ah ! ah !

MADAME ANGLOCHÈRE

Entre nous, je crois que c'est un jeune ménage qui vient passer sa nuit de noces chez nous.

LÉCHOPPIER

Ah ! parfait, parfait !

LA VOIX DE CHICHI

Non, ce n'est pas tenable !

MADAME ANGLOCHÈRE

Justement, voici la dame !

SCÈNE XII

LES MÊMES, CHICHI, puis SAINT-MARTIN.

CHICHI, *entrant.*

Ça sent le renfermé, là-dedans !

(Chichi se retourne).

MADAME ANGLOCHÈRE, *la présentant.*

Mme la princesse Monsouzoff.

TOUS, *reconnaissant Chichi.*

Oh !

CHICHI

Zut ! la ménagerie !

*(Stupeur générale. A ce moment, Saint-Martin
reparaît, portant le sac de nuit).*

SAINT-MARTIN, *entrant.*

Chichi, voilà ton sac !

MADAME ANGLOCHÈRE, *le présentant.*

Le prince Monsouzoff !

TOUS

Oh !

SAINT-MARTIN

Ma famille !

(Il laisse tomber le sac. Bruit de verre cassé).

MADAME ANGLOCHÈRE, *à part.*

Oh ! J e crois que j'ai fait une gaffe !
(*Elle s'éloigne vivement*).

MADAME BARDINET, *hors d'elle.*

Oh ! s'afficher ainsi !

MISS WATSON

Avec une gourgandine !

CHICHI, *prête à bondir.*

Qu'est-ce qu'elle dit, la vieille cagote anglaise !....

SAINT-MARTIN, *la retenant.*

Chichi !

MISS WATSON

Cagote anglaise !

LÉCHOPPIER, *avec dégoût.*

Ah ! cette fille a des expressions !...

CHICHI, *furieuse.*

Ah ! non, vous, le sacristain endimanché, ne vous
en mêlez pas !...

LÉCHOPPIER

Le sacristain !

SAINT-MARTIN, *à Chichi.*

Je t'en prie, Chichi, rentre dans ta chambre.

CHICHI

Pourquoi? C'est pas moi qui ai commencé !... Et puis, tu sais, j'ai pas peur... J'en boufferai bien douze comme eux, et sans citron encore !...

SAINT-MARTIN, *la poussant.*

Ça va, ça va !

CHICHI

Ah ! non, reluquez-moi ce jeu de massacre ! On se croirait à la fête de Neuilly !...

(*Saint-Martin la pousse vers la chambre*).

TOUS, *indignés.*

Oh ! oh !

CHICHI, *revenant.*

Qu'est-ce qu'ils disent ?

SAINT-MARTIN, *vivement.*

Rien, rien !... Il ne disent rien !... Va t'en !

CHICHI

Ça les apprendra à m'asticoter !...

(*Saint-Martin l'enferme dans sa chambre*).

SAINT-MARTIN, *revenant aux autres.*

Je vais tout vous expliquer... Ecoute-moi, Lucienne...

LUCIENNE

Inutile, monsieur !... Tout est fini entre nous, tout !...

(*Elle rentre dans sa chambre*).

SAINT-MARTIN

Belle-maman !...

MADAME BARDINET, *reculant avec horreur.*

Ne m'approchez pas, monsieur ! Vous n'êtes qu'un satyre !...

MISS WATSON

Un fils de la Bête !

COQUEREL, *saisissant un couteau sur la table.*

Ah ! tenez, vous mériteriez...

(*Il fait un mouvement, comme pour se précipiter sur Saint-Martin*).

LÉCHOPPIER, *l'arrêtant vivement.*

Laissez, monsieur, laissez !... Dès demain, il sera révoqué !...

MISS WATSON, *à Léchoppier.*

Ah ! M. Léchoppier, les hommes sont des monstres !

LÉCHOPPIER

Oui, mais il en faut !... Mais il en faut !... (*A Saint-Martin.*) Révoqué, Monsieur, vous serez révoqué !...

(*Ils sortent. Saint-Martin reste seul en scène*).

SCÈNE XIII

SAINT-MARTIN, puis CHICHI.

SAINT-MARTIN

Ça, c'est le bouquet ! (*Il court à la porte de la chambre de Lucienne et essaie de l'ouvrir.*) Lucienne?... Lucienne?... Allons, ouvre-moi !... De quoi as-tu peur ?... Je ne suis pas chargé !.... (*Silence.*) Oui, je comprends que tu sois très fâchée... J'ai été très coupable, mais tout de même pas autant que tu le crois... Une fois !... Une seule petite fois!... Grande comme ça !... Et encore, c'était à l'étranger !... Ça ne compte pas !... (*Secouant de nouveau la porte.*) Lucienne?... Tu vois que je suis un galant homme !... J'avoue loyalement une faute que je ne puis dissimuler !... (*Se faisant suppliant.*) Je t'en supplie, ouvre!... C'est la première minute où nous nous trouvons seuls... Il n'y a pas ta mère ! Je t'expliquerai tout !... Tu verras comme c'est simple !... Allons, ouvre ?... (*Secouant la porte furieusement.*) Mais je suis ton mari, sacredié !... Ça va se gâter !... Tu ne veux pas ouvrir?... Une fois?... Deux fois?... Eh bien, tant pis, j'entrerai par la force, comme j'en ai le droit !... Ah ! mais !...

(*Il court vers la porte du café*).

CHICHI, *sortant de sa chambre.*

C'est toi qui fais ce potin ?

SAINT-MARTIN, *s'arrêtant.*

Oui, c'est moi ! Un moi qui écume !

CHICHI

Contre qui en as-tu ?

SAINT-MARTIN, *revenant.*

Contre toi d'abord !... Tu viens de faire un coup
que je ne te pardonnerai jamais... jamais !...

CHICHI

Ça, je m'en fiche !... Ça m'a calmée !...
    (*Saint-Martin remonte*).

CHICHI

Où vas-tu ?

SAINT-MARTIN

Chercher un serrurier, pour entrer chez ma femme,
qui s'est enfermée, et qui ne veut pas m'ouvrir !...

CHICHI, *riant.*

Et tu n'as jamais su enfoncer que les portes ou-
vertes !...

SAINT-MARTIN, *vexé.*

C'est très drôle !

CHICHI

On fait ce qu'on peut !...

SAINT-MARTIN, *haussant les épaules.*

Tiens, j'aime mieux ne pas te répondre !... Mais tu ne perdras rien pour attendre !...

(*Il sort comme un fou*).

CHICHI

Pauvre nature !

(*Léocadie reparaît par la petite porte, premier plan gauche*).

SCÈNE XIV

CHICHI, LÉOCADIE.

LÉOCADIE, *entrant.*

Ah ! madame est encore là ?

CHICHI, *très agitée.*

Vous voyez, ma fille !

(*Un petit temps*).

LÉOCADIE, *ennuyée.*

Ah !... madame ne va pas se coucher ?

CHICHI

Non, je n'ai pas sommeil.

LÉOCADIE

Ah !... c'est que...

13

CHICHI, *vivement.*

Quoi? C'est que?...

LÉOCADIE, *hésitant.*

C'est que c'est l'heure de la fermeture... (*Montrant le commutateur.*) La patronne m'avait dit d'éteindre et...

CHICHI

C'est bon !... J'éteindrai !...

LÉOCADIE

Bien, bien !... Du moment que madame s'en charge !.. (*Remontant.*) Allons, bonsoir, madame. Je vais aller faire un tour à la conférence!... Il paraît qu'il y a un monde !...

CHICHI

Allez, ma fille, allez !... Et retenez bien ceci... Les hommes sont des mufles.

LÉOCADIE

Ça, c'est bien vrai, madame...

CHICHI

Mais ils ont une excuse !... C'est que les femmes ne valent pas mieux qu'eux !...

LÉOCADIE

Encore moins, madame, encore moins !...
(*Elle sort par le café*).

CHICHI, *seule et très agitée.*

Ah ! Je ne sais pas ce que j'ai, ce soir, mais j'ai le pressentiment qu'il va me tomber sur la tête un pot de fleurs !... (*A ce moment, on entend au dehors la voix de Coquerel qui chantonne.*) Tiens !... Mais on dirait la voix de Coquerel !... (*Allant vers la fenêtre, et regardant.*) Mais oui, c'est lui !... Ah ! ça, qu'est-ce qu'il revient faire ici, celui-là ?... Nous allons bien voir !... (*Elle tourne le commutateur et éteint. On aperçoit au dehors la gare éclairée et la silhouette de Coquerel qui traverse la place.*) Nous allons bien voir si c'est lui, le pot de fleurs !

(*Elle se cache sous la table. Coquerel entre*).

SCÈNE XV

CHICHI, COQUEREL.

COQUEREL, *entrant en chantonnant et légèrement gris. Il trébuche et se cogne à un meuble.*

J'ai cru qu'il ne me lâcherait pas !... Hola !... Je crois que j'ai eu tort de boire cette fine !... Ça ne me réussit pas ! (*Apercevant la bouteille sur la table et s'en servant un nouveau verre.*) Un peu d'homéo-pathie !... (*Il boit.. Quand on a une vengeance à exer-cer, on ne devrait pas prendre de la fine !... Je commence à y voir double !... Je vais voir deux Lu-cienne !... Ça ne sera pas désagréable !

(*Il se cogne de nouveau*).

CHICHI, *passant la tête sous la table.*

Mais il est paf !

COQUEREL, *titubant.*

Maintenant, il s'agit de retrouver la chambre de Lucienne !...

CHICHI, *id. et à part.*

Voyons, s'il aura le culot ! (*Haut.*) C'est à gauche!

COQUEREL

Quoi ?

CHICHI, *à part.*

A gauche !

COQUEREL

Qu'est-ce qui parle ?... J'y suis, c'est la fine !... Tout à l'heure, j'y voyais double et maintenant j'entends double !... (*Descendant.*) Il y a là un curieux phénomène de dédoublement de la personnalité.

CHICHI, *à part.*

Il y va !

COQUEREL

Je ne me rappelais pas où était la chambre de Mme Saint-Martin... et l'Inconscient m'avertit !... (*Il se cogne de nouveau.*) Il y a pas à dire, je crois que je suis...

CHICHI

Un cochon !...

COQUEREL

Ça, c'est la voix de ma conscience ! Je suis un cochon, c'est vrai !... Mais l'Inconscient a tort de me le faire remarquer !... (*Il va à la porte et frappe.*) Lucienne ? Lucienne ?...

(*Lucienne ouvre et paraît*).

SCÈNE XVI

LES MÊMES, LUCIENNE.

LUCIENNE

Ah ! C'est vous, M. Coquerel ?

COQUEREL

Oui, c'est moi !

LUCIENNE

Ah ! vous êtes là ?

COQUEREL

Oui, je suis là !... Je suis même un peu là !...

LUCIENNE

Vous êtes toujours dans les mêmes dispositions?...

COQUEREL

Je m'efforce de m'y entretenir !

CHICHI, *sous la table.*

C'est dégoûtant !

LUCIENNE, *surprise.*

Qu'est-ce que vous dites?...

COQUEREL

Je n'ai rien dit!... C'est ma conscience qui parle!...
(*Un petit temps*).

LUCIENNE

Eh bien, monsieur, écoutez-moi !... Comme je tiens essentiellement à ce que mon mari sache que je l'ai trompé... dès que je vous aurai... subi, vous irez le trouver et vous lui direz ces mots fatidiques : « Saint-Martin, tu es cocu ! »

COQUEREL

Bon!... Et il me cassera la gueule!... (*Se reprenant.*) le portrait !...

LUCIENNE

Ça n'a pas d'importance !...

COQUEREL

Entendu ! Il le saura !... Moi, ce soir, je suis pour la rigolade !...

LUCIENNE

Alors, étreignez-moi !

COQUEREL, *l'embrassant.*

Voilà !...

CHICHI, *toujours sous la table.*

S'il n'aime pas ça, on pourra lui monter de la brioche !...

COQUEREL, *ravi.*

Ah !... je me sens tout à coup une âme nouvelle ! Mme Saint-Martin, vous êtes la femme de ma vie !...

Je vous avoue ça dans l'obscurité : vous avez la peau
douce !

LUCIENNE, *se dégageant vivement.*

Il ne faut pas vendre la peau douce avant de l'avoir
tuée !... (*Le poussant.*) Allez sur la place! Allez, sur-
veillez la lumière de ma chambre !... Et dès qu'elle
s'éteindra, vous pourrez prendre livraison de la victime !... Allons, à tout à l'heure, mon ami !

(*Elle rentre dans sa chambre*).

SCÈNE XVII

CHICHI, COQUEREL.

COQUEREL, *redescendant.*

Quelle femme exquise !... Et si différente de cette
grue de Chichi !

(*Chichi sort de dessous la table et rallume l'élec-
tricité*).

CHICHI

Eh bien, mon vieux coq, tu n'as guère la reconnais-
sance du cœur !

COQUEREL, *médusé.*

Toi ?

CHICHI

Tu me traites de grue !... Tu n'es pas le premier!...
Mais comment faut-il te traiter, toi, hein ?

COQUEREL

J'avais le droit. Tu m'as trompé avec mon meilleur
ami !

CHICHI

Avec qui voulais-tu que je te trompe?... Avec ton
meilleur ennemi?

COQUEREL, *vivement.*

Ah ! non !

CHICHI

Là, tu vois ! Et puis, d'abord, à cette époque-là,
j'étais libre !... Je n'étais pas entrée dans ta vie !

COQUEREL

Tenez, Madame, vous manquez complétement de
sens moral !

CHICHI

Oh ! tu sais, je n'ai pas fait le compte de mes sens!
Mais y en a qui ne sont pas à dédaigner, si tu te
souviens !...

COQUEREL

Je ne veux pas me souvenir !

CHICHI

Parbleu !... T'as une commande en ville ?...

COQUEREL

Qu'est-ce que tu dis ?

CHICHI

Oh ! ne t'effare pas, va!... Tout à l'heure, j'étais
sous la table !...

COQUEREL

Tu étais sous...

CHICHI

Moins que toi, assurément !... Et je t'ai entendu prendre la mesure de Mme Saint-Martin !

COQUEREL

Comment ?

CHICHI

La voix de ta conscience, c'était moi ! Ah ! Monsieur donne dans la bourgeoisie !

COQUEREL

Si ça me plaît !...

CHICHI

Eh bien, mon petit, t'as un drôle de goût ! Cette femme-là, quand on a enlevé l'arête, doit pas y avoir grand'chose à manger !

COQUEREL, *furieux.*

Je te défends !

CHICHI

Non, mais des fois !... Tu m'empêcheras de parler ?... Chez qui ?... Et tu crois qu'elle t'adore ?

COQUEREL

Parfaitement !... Pourquoi pas ?

CHICHI

Beauté, va !... Mais elle ne se donne à toi que par

dépit ! Elle n'aime que son mari ! Ah ! ce que tu peux être bête avec les femmes, toi !...

COQUEREL

Tiens, tu m'exaspères !...

CHICHI

Oh ! ce que je t'en dis, c'est parce que je t'en cause !... D'ailleurs, les femmes mariées, ça n'a jamais su faire l'amour !

COQUEREL

Tu crois?

CHICHI, s'emballant.

Ah ! je te crois que je crois ?... Mais, l'amour, c'est un don... une inspiration !.. On ne songe à rien !.. On est calme !... Un beau jour, il passe un joli garçon, n'importe qui... un rapin raté... (Coquerel sursaute, vexé.) Et puis, soudain, tous les nerfs se détendent !... On pense : « Celui-là... Ah ! ce qu'il voudra !... » Et il veut, l'animal !...

COQUEREL, troublé.

Chichi !... Tais-toi !...

CHICHI

Et tu me parles des femmes mariées... pour qui l'amour est un devoir ?... Mais le devoir, ça n'est jamais le plaisir !... La femme qui vous attend bêtement, une nuit de noces ou d'adultère, c'est tout un !... « Entrez, cher seigneur, je suis résignée !... Venez prendre livraison de la victime !.., »

COQUEREL

Je t'en supplie !...

CHICHI

Bêta, va ! Est-ce que c'est comme ça que nous nous sommes rencontrés, nous ? (*Se faisant câline.*) Rappelle-toi, la première nuit !... Nous avions soupé à Montmartre !

CHICHI

Oui, et quand on s'en est aperçu, il semblait qu'on s'aimait... depuis toujours !...

COQUEREL

Oui... Depuis toujours !...

CHICHI

Ah ! mon coq... mon coq !...

COQUEREL

Ma poule ! Ma poule ! ...

(*Ils tombent dans les bras l'un de l'autre. Au même moment, en pyjama nocturne, apparaît Fulcran*).

SCÈNE XVIII

LES MÊMES, FULCRAN, puis Mme ANGLOCHÈRE.

FULCRAN

Ah ! ça, où est donc passé la bonne ? (*S'arrêtant en entendant un bruit de baisers.*) Tiens, des amou-

reux !... (*S'approchant et reconnaissant Coquerel.*)
Oh ! Encore vous, monsieur! Et avec ma fiancée?

CHICHI

Allons, bon ! Fulcran !

COQUEREL, *se redressant vivement.*

C'est vrai !... Je l'avais oublié, celui-là !

CHICHI *très ennuyée et s'accrochant à Coquerel.*

Mon coq !...

COQUEREL, *la repoussant.*

Ah ! je vous en prie, madame !...

FULCRAN

Heureusement que je suis arrivé à temps, moi !

COQUEREL

Oh ! rassurez-vous, monsieur, je vous la laisse !

CHICHI, *suppliante.*

Mon petit coq !...

COQUEREL

Il n'y a plus de petit coq madame !... (*La repoussant.*) Dire que j'allais céder à vos cajoleries !... (*A Fulcran.*) Restez avec votre polichinelle !

(*Il sort en flanquant la porte battante au nez de Fulcran qui tombe assis sur une chaise près d'une table servie*),

FULCRAN, *sursautant.*

Polichinelle !... Polichinelle !... Apprenez, Monsieur, que je suis pas... (*Dans sa fureur, il prend en se relevant la nappe de la table et un paquet de vaisselle tombe avec un bruit terrible.*) Un popo... un popo...

CHICHI

Allons, bon !... Voilà sa crise !...

FULCRAN

Un popoli... Un polipopo !...

CHICHI, *exaspérée.*

Oh ! assez assez ! (*Appelant.*) ...Madame l'aubergiste !...

(*Mme Anglochère accourt*).

MADAME ANGLOCHÈRE

Qu'est-ce qu'il y a encore ?

FULCRAN

Un popolichi... Un popolichichi !...

CHICHI *à Mme Anglochère.*

Ah ! Je vous en prie, madame, recouchez-le !...

MADAME ANGLOCHÈRE

Qu'est-ce qu'il veut ?

FULCRAN

Un popo... Un popo...

CHICHI

C'est ça, donnez-lui un popo, et qu'il nous fiche la paix !

FULCRAN

Un popo... Un popo...

MADAME ANGLOCHÈRE

Oui, oui, on va vous le donner !

(*Mme Anglochère entraîne Fulcran par la petite porte, premier plan gauche*).

CHICHI, *navrée et furieuse.*

Oh ! quel vieil idiot !... Juste au moment où j'allais reprendre mon coq !... Et maintenant, il va aller retrouver cette pintade ! Ah ! mais non !... Je ne le laisserai pas !... Je ne sais pas comment je ferai, mais je l'en empêcherai !...

(*Léocadie accourt du dehors*).

SCÈNE XIX

CHICHI, LÉOCADIE, puis LUCIENNE et COQUEREL.

LÉOCADIE, *entrant en coup de vent.*

Mme Saint-Martin ?... Mme Saint-Martin ?...

CHICHI

Quoi? Qu'est-ce qu'il y a?

LÉOCADIE

C'est pas vous, madame Saint-Martin !...

CHICHI

Ce n'est pas moi, mais je l'ai été !... Qu'est-ce qui se passe donc?

LÉOCADIE

Figurez-vous que, là-bas, à la conférence, l'anglaise a voulu parler. Je ne sais pas ce qu'elle leur a raconté, mais ça a fait un raffut !... On est en train de tout casser !

CHICHI

Bravo !

(*Léocadie court à la porte de Lucienne*).

LÉOCADIE, *secouant la porte.*

Madame ! Madame ! Venez vite !

LUCIENNE, *sortant de la chambre.*

Qu'y a-t-il?

LÉOCADIE

On casse tout, là-bas, à la conférence !

LUCIENNE

Ah ! mon Dieu ! Et maman qui y est !

LÉOCADIE

On envoie des petits bancs, comme s'il en pleuvait !

LUCIENNE

Oh ! Maman, maman !

(*Elle court vers la porte du café*).

LÉOCADIE *l'arrêtant et lui montrant la petite porte.*

Non, tenez, madame, par ici !... Vous n'aurez qu'à prendre le petit chemin de traverse, vous y serez plus vite !

LUCIENNE, *affolée.*

Oh ! mon Dieu, mon Dieu !

(*Elle sort, suivie de Léocadie*).

CHICHI, *seule.*

Elle s'en va !... Et Coquerel qui fait le pied de grue, en attendant le signal... (*Frappée tout à coup par une idée.*) Le signal !... Mais, après tout, pourquoi ne le ferai-je pas, moi ? Mais oui !... A moi la pose maintenant !... (*Tournant le commutateur de la chambre.*) Je vais me tromper... avec moi-même !... Ce sera très excitant !...

(*Elle entre dans la chambre où l'obscurité s'est faite et s'y enferme. Coquerel reparaît*).

COQUEREL, *entrant.*

Ça y est !... Elle a éteint !... Me voilà sur le seuil du bonheur !... Pauvre petite femme !... Elle est là,

tremblante d'émoi, qui m'attend avec le grand fris-
son !... Allons, allons ! Pas de quartier, Coquerel !
Hardi, Coquerel ! A la hussarde ! (*Il frappe à la
porte.*) C'est moi !

LA VOIX DE CHICHI

Entrez !

COQUEREL

Comme ça, Saint-Martin, nous sommes à jeu !

> (*Il entre dans la chambre. Au même instant, on
> entend du dehors un bruit de voix, puis
> Mme Bardinet, Miss Watson et Léchoppier ap-
> paraissent décoiffés, chapeaux défoncés, cou-
> verts de taches d'œufs, dans un état lamen-
> table.*)

SCÈNE XX

*Mme BARDINET, MISS WATSON, LÉCHOPPIER.
Puis SAINT-MARTIN, puis COQUEREL, puis LU-
CIENNE, puis CHICHI, puis Mme ANGLOCHÈRE,
et FULCRAN.*

LÉCHOPPIER, *entrant.*

Par ici, mesdames, par ici !

MADAME BARDINET, *id.*

Ah ! quelle aventure !

MISS WATSON

Je n'en puis plus !... Je suis morte !
(*Elles tombent assises, près de la table*).

LÉCHOPPIER, *aimablement.*

Mesdames, voulez-vous prendre quelque chose ?

MADAME BARDINET, *vivement.*

Ah ! non ! nous avons assez pris comme ça !

MISS WATSON

On nous a jeté des œufs pourris !

MADAME BARDINET

C'est de votre faute !... Pourquoi avez-vous dit à
tous ces gens qu'ils étaient les fils de la Bête !...

MISS WATSON, *avec énergie.*

Parce que ça est !

LÉCHOPPIER

Je vous comprends. (*A Mme Bardinet.*) Miss Watson a raison !... (*A Miss Watson.*) Vous êtes une
grande âme, Miss Watson !...

MISS WATSON

Ah ! merci, monsieur Léchoppier ! Mon cœur est
avec vous ! Et ma main aussi !
(*Ils s'écartent*).

SAINT-MARTIN, *reparaissant.*

Je n'ai pas pu trouver de serrurier ! Ils dorment tous !

MADAME BARDINET

Mon ex-gendre !

SAINT-MARTIN

Les fauves !...

(Il va à la porte de la chambre).

MADAME BARDINET, *lui courant après.*

Eh bien, où allez-vous, monsieur ?

SAINT-MARTIN

Chez ma femme ! Je veux voir ma femme ! *(Frappant à la porte.)* Lucienne ?...

MADAME BARDINET

Ah ! ça, mais vous êtes fou !

SAINT-MARTIN, *id.*

Lucienne !

(Coquerel apparaît).

COQUEREL

Qu'est-ce qu'il y a ?

SAINT-MARTIN, *ahuri.*

Coquerel !

COQUEREL, *avec le sourire.*

Ça y est, mon vieux Saint-Martin, tu es cocu !

SAINT-MARTIN

Tiens !

(Il lui envoie une gifle).

TOUS

Oh !

COQUEREL, *se tenant la joue.*

Je m'y attendais !...

(Il se tord de rire).

SAINT-MARTIN, *à la porte.*

Sortez, madame !

(Chichi apparaît).

CHICHI

Eh bien, en voilà un potin ! On ne peut pas dormir tranquille !

TOUS

Chichi !

CHICHI

Mais oui, c'est Chichi !... Chichi qui a retrouvé son Coq et qui ne le lâchera plus !

COQUEREL

Comment, c'est avec toi que... *(Avec amour.)* Ah ! ma Chichinette !

(Ils tombent dans les bras l'un de l'autre).

SAINT-MARTIN, *ahuri.*

Mais, ma femme? Où est ma femme?

LUCIENNE, *reparaissant par la petite porte.*
La voilà, monsieur !

SAINT-MARTIN

Ah ! Lucienne ! Toi enfin ! Je vais t'expliquer !...

LUCIENNE

Non, n'explique rien !... (*Gentiment.*) Je te par-
donne, pour ne pas te forcer à me mentir encore !

SAINT-MARTIN

Alors, tu voulais me tromper ?

LUCIENNE

Tu sais bien que je n'en aurais jamais eu le courage !

(*Ils s'écartent*).

CHICHI, *à Coquerel.*

Quand je te le disais ! Aucun estomac, ces femmes
du monde !

(*A ce moment, Mme Anglochère apparaît, suivie
de Fulcran qui veut l'embrasser. Elle est en
toilette de nuit avec des papillottes en ruban,
dans ses cheveux*).

MADAME ANGLOCHÈRE

A moi ! A moi ! Au secours !

MADAME BARDINET

L'oncle Fulcran !

FULCRAN, *désignant Mme Anglochère.*
C'est une sainte !

SAINT-MARTIN
Encore !

FULCRAN
Je veux refaire ma vie !...

SAINT-MARTIN
Allons, belle-maman, dévouez-vous !... Et recueillez-le !

MADAME BARDINET
Oh !

LUCIENNE, *gentiment.*
Pour tes petits enfants !...

MADAME BARDINET
Allons, Fulcran, soit !... Prenez ma main !

FULCRAN, *très ému.*
Ah ! Ma fifi !... Ma fifi !...
(Il tombe dans les bras de Mme Bardinet).

CHICHI
Deux replâtrages et deux mariages ! Eh bien, quand je disais que j'arrangerais tout ça !

RIDEAU

Société Française d'Imprimerie d'Angers
4, Rue Garnier, 4. 13-7-28

A LA MEME LIBRAIRIE